Editorial

El entusiasmo de mi nieto de tres años, Dale, al recordarle a su papá que el siguiente día era domingo y que irían a la iglesia, me recordó el reto que tenemos como educadores de capturar el interés de nuestra niñez por el estudio de la Palabra de Dios. ¿Qué podemos hacer para que nuestros niños y niñas sientan entusiasmo e interés por relacionarse con la Palabra de Dios y que ésta se convierta en luz en sus vidas?

Como personas cristianas, aceptamos el llamado de nuestro Señor de ir por todo el mundo y predicar el evangelio. Como maestros y maestras de Escuela Bíblica, predicamos el evangelio a los más frágiles y vulnerables: nuestros niños y niñas. Es por esto que debemos asumir nuestra responsabilidad con gran celo, compromiso, seriedad, amor y entusiasmo.

A continuación le hacemos algunas sugerencias que le pueden ayudar para el mejor uso de Zona Bíblica®.

Para el director o la directora de la Escuela Bíblica:
- Antes de entregar el material a su personal de EB, haga copias de todo el material a ser fotocopiado en los libros de los tres niveles. Pueden ser tres fotocopias por lección.
- Prepare un archivo de cada nivel con las fotocopias de cada lección para que se facilite el proceso de hacer con anticipación las fotocopias de cada clase.
- Puede preparar un taller para entregar Zona Bíblica® a sus maestros y maestras para que se puedan familiarizar con todos los elementos y explicar el proceso de fotocopiado del material que habrán de seguir.
- Si tiene grupos bilingües, también puede ordenar el libro de Bible Zone® a Cokesbury.

Para los maestros y las maestras:
- Familiarícese con todos los elementos de Zona Bíblica®: Guía del maestro, Accesorios de Zona®, Transparencias y el disco compacto.
- Los objetivos de la lección están integrados a la Historia bíblica (trasfondo bíblico). Casi siempre los puede encontrar en los últimos párrafos.
- Estudie la lección con anticipación y determine los materiales a usar. Asegúrese de tener todas las fotocopias y los materiales que se van a usar en la clase.
- Cada lección le provee varias actividades. Determine cuáles va a realizar, y considere el tiempo y el espacio disponible. Modifique la lección de acuerdo a las necesidades de sus estudiantes, pero asegúrese de cumplir con los objetivos de la clase.
- Involucre a papás y mamás en el proceso de aprendizaje bíblico de sus hijos e hijas. Envíe al hogar la Zona Casera® semanalmente.

Éstas son algunas sugerencias para el mejor uso de este material. En Zona Bíblica® contamos con muchas actividades muy divertidas y que pueden ser de gran impacto para nuestra niñez. Maestro, maestra, ¡qué gran responsabilidad tenemos! ¿Sus estudiantes dirán a sus padres, "¡Levántate, papi! ¡Levántate, mami! ¡Hoy vamos a la iglesia!"?

Que Dios les bendiga.

Carmen Saraí Pérez
Editora
Zona Bíblica®

Abingdon

Donde la Biblia se hace vida

En la casa de Dios

Primarios mayores

También disponible de Abingdon Press:

Zona Bíblica® de *Abingdon*
Pre-escolar
Paquete de DIVERinspiración®

Zona Bíblica® de *Abingdon*
Primarios menores
Paquete de DIVERinspiración®

Escritora: Delia Halverson
Editora: Carmen Saraí Pérez
Editor de producción: Pablo Garzón
Director de diseño y producción: R.E. Osborne
Diseñador: Roy C. Wallace III
Foto de la portada: Ron Benedict
Ilustradores: Susan Harrison, Charles Jakubowski, Megan Jeffery, Jim Padgett, Terry Sirrell
Traductora: Darien Mejía Sandoval
Traductora de los cánticos: Diana Beach

Abingdon

Zona Bíblica®
Primarios mayores

Donde la Biblia se hace vida

EN LA CASA DE DIOS

Abingdon Press
Nashville

Zona Bíblica® de Abingdon
Donde la Biblia se hace vida
EN LA CASA DE DIOS
Primarios mayores

Derechos de autor © 2007 Abingdon Press

Todos los derechos reservados.

Ninguna parte de esta publicación, CON EXCEPCIÓN DE LAS PÁGINAS Y PATRONES QUE ESTÉN CUBIERTOS POR EL AVISO POSTERIOR, puede ser reproducida o transmitida en ninguna forma o por ningún medio, electrónico o mecánico, incluyendo fotocopiado y grabación, o por ningún sistema de recuperación y almacenaje de datos, con excepción de lo estipulado por la Ley de Derechos de Autor de 1976 o con permiso, por escrito, del editor. Las peticiones para permisos deben someterse por escrito a: Abingdon Press, 201 Eighth Avenue South, Nashville, TN 37203, por fax al (615) 749-6128, o sometidas por correo electrónico a permission@abingdonpress.com.

• AVISO •
SÓLO PATRONES / PÁGINAS que están marcadas como **Reproducible** pueden ser duplicadas para uso en la iglesia local o la escuela de la iglesia.
El siguiente aviso de derechos de autor es incluido en estas páginas y debe aparecer en la reproducción:

Permiso de fotocopiado otorgado para el uso de la iglesia local. © 2007 Abingdon Press.

A menos que se especifique lo contrario, las citas de la Escritura son de la Versión Popular Dios habla hoy.

ISBN 978-0-687-64247-2

Créditos de arte:

Arte en las páginas 20, 27, 32, 52, 100, 104, 124, 136, 164 y en las transparencias 1 y 3 por Susan Harrison, © 2004 Abingdon Press; arte en las páginas 28, 128, 148, y 152 por Charles Jakubowski, © 2004 Abingdon Press; arte en las páginas 81, 167-168 por Megan Jeffrey © 1999 Abingdon Press; arte en las páginas 99, 146 y 147 por Jim Padgett © 2004 Abingdon Press; arte en las páginas 40-112, 116, 160, 172-173 y en la transparencia 2 por Terry Sirell, © 2004 Abingdon Press.

Créditos de las canciones:

"Cristo me ama". "Marchamos a Sión" trad. © 2007 Abingdon Press. "Shalom javerim" trad. © 1982 The United Methodist Publishing House. "¡Vengan! ¡Todos adoremos!" © 1991 Cokesbury. "Aplaudir, pueblos todos" © 1972; trad. © 2007 Bud John Songs. "Saltar" © 2002; trad. © 2007 Pilot Point Music. "Todos alaben" © 1981; trad. © 2007 J. Jefferson Cleveland. "Venid, cantemos" © 1992 Abingdon Press. "A cantar" © 1982 Graded Press; trad. © 1997 Cokesbury. "Sirve a Dios" © 1977; trad. © 2007 Desert Flower Music. "Cuán poderoso es Dios" arr. © 1996 Group Publishing, Inc. "Señor, prepárame" © 1983 Full Armor / Whole Armor Music. "Dad gracias" © 1978 Integrity Music Inc. "Salta, camina y alaba a Dios" © 1995 Cokesbury; trad. © 1996 Cokesbury. "Cantaré" © 1974; trad. © 2007 Celebration.

**El disco compacto no se provee en este material.
Visitar Cokesbury.com/español para ver la disponibilidad de estas canciones para descargar electrónicamente.**

07 08 09 10 11 12 13 14 15 16—10 9 8 7 6 5 4 3 2 1
HECHO EN LOS ESTADOS UNIDOS DE AMÉRICA

En la casa de Dios

Unidades bíblicas en la Zona	6
Acerca de la Zona Bíblica®	7
Bienvenido a la Zona Bíblica®	8
Primarios mayores	9
Dios llama a Samuel	10
Una casa para Dios	22
Josías	34
Zorobabel	46
Salmo 100	58
Jesús en el Templo	70
Jesús en la sinagoga	82
Sanando en el día de reposo	94
Sanando en la casa de Dios	106
El fariseo y el cobrador de impuestos	118
La ofrenda de la viuda	130
Pedro y Juan en la puerta la Hermosa	142
Salmo 150	154
Zona de comida	166
Zona de arte	168
Zona de juego	170
Juego reproducible (Lección 11)	172
Etiquetas para nombres	174
Comentarios de usuarios	175

Unidades bíblicas en la

1. En la casa de Dios (Antiguo Testamento)

Historia bíblica	Versículo bíblico
Dios llama a Samuel	1 Samuel 3:9
Una casa para Dios	Salmo 122:1
Josías	Salmo 119:34
Zorobabel	Salmo 100:5
Salmo 100	Salmo 100:2

2. En la casa de Dios (Nuevo Testamento)

Historia bíblica	Versículo bíblico
Jesús en el Templo	Salmo 25:12
Jesús en la sinagoga	Lucas 2:52
Sanando en el día de reposo	Salmo 37:3
Sanando en la casa de Dios	Salmo 105:2
El fariseo y el cobrador de impuestos	Lucas 18:14
La ofrenda de la viuda	Salmo 50:23
Pedro y Juan en la puerta la Hermosa	1 Juan 4:21
Salmo 150	Salmo 150:1

Acerca de la Zona Bíblica

Accesorios de Zona:

Accesorios de Zona® son juegos y materiales de apoyo para narrar historias en el Paquete de DIVERinspiración® de la Zona Bíblica®. Algunos Accesorios de Zona® son artículos de consumo y tendrán que ser reemplazados. Estos se proporcionan para la comodidad del maestro.

- disco compacto
- pelotas de espuma
- máscaras de caras graciosas
- mochilas de colores
- pelotas graciosas
- pelotas brillantes
- pelotas de colores de playa
- dinero de juguete
- medallas con hilo de lana
- palos de *hockey* inflables

Materiales:

- Biblia para cada estudiante
- tocadiscos de discos compactos
- mesa pequeña
- mantel blanco, tela verde
- lápices, marcadores permanentes
- papel, papel de construcción de varios colores, tablero para etiquetas o cartón, cartulina, tarjetas bibliográficas
- serpentinas de papel, papel de china
- espejo
- cinta adhesiva transparente, cinta adhesiva opaca (*masking tape*), cinta verde para florista, cinta adhesiva de colores, pegamento para telas, pistolas para fundir pegamento, cartuchos de pegamento para fundir
- fotos de líderes de su iglesia; fotos de su santuario o algún objeto que se use en la adoración; directorio de la iglesia o registro de membresía; foto o símbolo de un proyecto misionero de la iglesia; periódicos y revistas denominacionales; cartas noticiosas de la iglesia
- proyector de transparencias
- diccionarios
- pizarrón y tiza, o papel grande
- tijeras, navajas
- palos de madera
- cascabeles
- elástico, hilo y aguja, tela, fieltro, encaje, botones, cintas y otras decoraciones
- cajas de avena, recipientes de plástico con tapas, botes de hojalata de tamaño comercial o cubetas de madera
- piedras pequeñas, botones, bellotas
- bloques de madera y papel de lija
- cubetas, latas grandes, o cajas, canasta
- globo terráqueo o mapamundi
- revistas y libros con fotos e historias de trabajo misionero
- botellas de refresco de 20 onzas y de dos litros
- láminas de Jesús
- grapas grandes, tachuelas, ligas
- cuerda fuerte, cinta fina
- alambre delgado, limpiapipas
- periódicos, revistas
- tablero de anuncios
- bolsas de supermercado de papel
- flor
- etiquetas redondas de colores
- plato de ofrenda
- aro de baloncesto o bote de basura
- harina, sal, cocoa, azúcar, polvo de hornear
- tazones, cucharas, cucharas y tazas de medir, charolas de aluminio; frascos de un litro con tapas, botes de aluminio, vasos de plástico, cajas cubiertas o botellas con tapas
- vendas elásticas o pedazos anchos de tela
- rama, arena o rocas
- instrumento musical
- venda para los ojos
- martillos, clavos grandes, varios pares de pinzas con punta de aguja
- pintura acrílica, brochas
- un dado, botones como piezas de juego
- opcional: bancos

PRIMARIOS MAYORES

Bienvenido a la  Bíblica

Donde la Biblia se hace vida

Diviértase aprendiendo acerca de las historias bíblicas favoritas del Antiguo y Nuevo Testamentos. Cada lección en esta guía del maestro esta llena de juegos y actividades que llenarán el aprendizaje de DIVERinspiración® para usted y sus estudiantes. Con sólo algunos materiales adicionales, todo lo que el maestro necesita está incluido en el Paquete de DIVERinspiración® de la Zona Bíblica® de *Abingdon*.

Cada lección contiene un recuadro llamado En la Zona®:

> **Dios quiere que compartamos nuestros dones y talentos con otras personas.**

que se repite una y otra vez a través de la lección. En la Zona® declara el mensaje bíblico con palabras que sus estudiantes pueden aplicar a sus vidas.

Use las siguientes recomendaciones para que su viaje a la Zona Bíblica® esté lleno de DIVERinspiración® y sea ¡todo un éxito!

- Lea cuidadosamente cada lección. Lea los pasajes bíblicos.
- Memorice el versículo de la Biblia y el lema de En la Zona®.
- Escoja las actividades que se adapten a su grupo de estudiantes en particular y al tiempo que tenga disponible para dar la clase.
- Lea la historia de la Zona Bíblica®.
- Reúna los Accesorios de Zona® que usará para la lección.
- Reúna los materiales que necesite para la lección.
- Aprenda la música para la lección del disco compacto de DIVERinspiración®.
- Acomode su salón de tal manera que haya lugar para que sus estudiantes se muevan libremente y se puedan sentar en el piso.
- Fotocopie las páginas reproducibles para la lección.
- Fotocopie la página para estudiantes Zona Casera®.
- Fotocopie cualquier página reproducible (páginas 166-174).

Primarios mayores

Cada estudiante en su clase es un hijo o hija de Dios. Cada estudiante tiene su propio nombre, historia, situación familiar y conjunto de experiencias. Es importante recordar y celebrar las diferencias de cada estudiante. Sin embargo todos y todas tienen algunas necesidades comunes. Todos sus estudiantes necesitan:

- amor,
- un sentido de autoestima,
- sentir la satisfacción de obtener logros,
- tener un lugar seguro para ser ellos y ellas mismas y expresar sus sentimientos,
- estar rodeados de personas adultas que les amen,
- experimentar el amor de Dios.

Sus estudiantes de primaria mayores (de 9 a 12 años de edad) también tienen algunas características en común.

Sus cuerpos
- Están experimentando rápidos cambios físicos y emocionales.
- Sus cuerpos gastan mucha energía, algunas veces, dejándoles letárgicos.
- Hay muchas variaciones de desarrollo físico y emocional dentro de las edades que comprenden este grupo de estudiantes. Son distintos el uno del otro y distintos a lo que fueron hace sólo un corto tiempo.

Sus mentes
- Son pensantes concretos.
- Hacen sus planes de manera pragmática, trabajan hacia conclusiones lógicas.
- Les gusta identificar y expresar actitudes, ideas y sentimientos acerca de la desigualdad y el trato injusto de las personas.
- Les gusta reír y pueden ser simples.
- Están listos y listas para desarrollar actividades y habilidades bíblicas desafiantes.
- Están listos y listas para incrementar y usar un vocabulario relacionado a la fe cristiana.
- Tienen la capacidad de entender a la gente y lugares desconocidos por ellos.

Sus relaciones
- Quieren ser parecidos a todas sus amistades, pero reconocen que no lo son.
- En diferentes etapas de su desarrollo personal, pueden tener problemas aceptándose a sí mismos y a otros.
- Pueden parecer sofisticados cuando adoptan el lenguaje de los adultos.
- No les gusta parecer vulnerables e inocentes.
- Están comenzando a identificarse como personas aparte de sus familias.

Sus corazones
- Necesitan personas adultas que se preocupen en modelar actitudes y comportamientos cristianos.
- Necesitan verbalizar experiencias y preguntas acerca de la fe y Dios.
- Necesitan servir a la comunidad y al mundo en compañía de otras personas.
- Necesitan sentir que tienen una relación personal con Dios.
- Necesitan un sentido de pertenencia a la iglesia y a la comunidad de fe.

1 

Dios llama a Samuel

Entra a la

Versículo bíblico
Habla, que tu siervo escucha.

1 Samuel 3:9

Historia bíblica
1 Samuel 3; 7:3-4

El joven Samuel había servido en la casa del Señor por algún tiempo, así que su encuentro con Dios no "surgió de la nada". Él había aprendido los rituales; había hablado con aquellos que escuchaban a Dios e interpretaban lo que significaba el mensaje de Dios. Él había vivido y respirado las experiencias de su comunidad de fe, lo que contribuyó a su buena disposición para escuchar a Dios.

La confusión de Samuel al oír la voz de Dios es comprensible. En aquellos días se reconocía a los líderes religiosos como los voceros de Dios; entonces, si Dios quería hablar con alguien, sería con Elí, el consejero de Samuel. Aunque Samuel se estaba entrenando en la casa del Señor, todavía era un novato, esto ejemplifica como Dios se allega de manera personal a la gente común, de todas las edades, sin tomar en cuenta su experiencia previa con Dios.

El ego de Elí debió haberse lastimado cuando Dios escogió hablar directamente con Samuel, pero fue lo suficientemente intuitivo como para reconocer el llamado de Dios e impulsó a Samuel a responder.

Su decisión de enseñar a la niñez de cuarto, quinto y sexto grado es la respuesta al llamado de Dios. Así como Samuel, más tarde, presentó a la gente la necesidad de enfocarse en el Dios verdadero durante la adoración (7:3-4), nosotros como maestros y maestras somos llamados a tener a Dios como nuestra principal fuente de ayuda y el foco de nuestras vidas. No podemos adorar a los dioses del mundo material y ser al mismo tiempo fieles al único Dios verdadero.

Nuestro trabajo con la niñez, especialmente de estas edades, es de gran importancia al prepararles para que puedan reconocer de manera individual el llamado de Dios. Ese llamado puede no venir en la misma forma que el de Samuel, pero cada estudiante será llamado a servir a Dios de alguna manera. Sus experiencias en la iglesia y en su clase les prepararán para escuchar y responder a ese llamado. En este trimestre usted tendrá la oportunidad de ayudar a sus estudiantes en su adoración y búsqueda de Dios, usando como modelo algunas de las personas a las cuales Dios ha llamado a ser la iglesia.

Nuestra iglesia nos ayuda a saber qué es lo que Dios quiere que hagamos.

Vistazo a la

ZONA	TIEMPO	MATERIALES	ACCESORIOS DE ZONAS
Acércate a la zona			
Entra a la Zona	5 minutos	tocadiscos de discos compactos, página 174, cinta adhesiva	disco compacto
Crea una mesa de celebración	10 minutos	mesa pequeña, mantel blanco, tela verde, vela, fotos de líderes de la iglesia local, Biblia	ninguno
¿Quién eres?	5 minutos	Reproducible 1C	ninguno
Zona Bíblica			
Marca en el celular	5 minutos	Reproducible 1D, lápices, Biblias	ninguno
Disfruta la historia	5 minutos	Reproducibles 1A–1B	ninguno
Nudo pero uno habla	10 minutos	ninguno	mochilas de colores, pelota graciosa
"¿Cuál es mi línea?"	5 minutos	piezas de papel, marcador	máscaras graciosas, mochilas de colores
Envíen a Samuel	5 minutos	ninguno	ninguno
Dibuja el nombre	5 minutos	papel, marcadores negros y de colores	ninguno
Zona de Vida			
Aprende un cántico	5 minutos	Reproducible 1E, tocadiscos de discos compactos	disco compacto
Alabanza y oración	10 minutos	Reproducible 1E, tocadiscos de discos compactos, caja con tapa, mesa de celebración, espejo (pegado dentro de a caja)	mochila de colores, pelota graciosa, disco compacto

Los Accesorios de Zona® se encuentra en el Paquete de **DIVERinspiración®**.

PRIMARIOS MAYORES: LECCIÓN 1

Acércate a la

Escoja una o más actividades para capturar el interés de sus estudiantes.

Materiales:
tocadiscos de discos compactos
página 174

Accesorios de Zona®:
disco compacto

Entra a la Zona

Tenga "Cantaré" (**cántico 15 del disco compacto**) tocando mientras los estudiantes entran al salón de clases. Salúdeles con una sonrisa.

Diga: ¡Bienvenidos a la Zona Bíblica! Estoy feliz de que estén aquí. ¡Este es un lugar divertido donde llegaremos a conocer la Biblia!

Si sus estudiantes no se conocen, déles las etiquetas para que pongan sus nombres (página 174). La letra de "Cantaré" es muy sencilla, así que invíteles a cantar el cántico con usted.

Materiales:
mesa pequeña
mantel blanco
tela verde
vela
Biblia
fotos de líderes de la iglesia local

Accesorios de Zona®:
ninguno

Crea una mesa de celebración

Pida a algún estudiante que haya llegado temprano a que le ayude a crear una mesa de celebración que usted usará al final de la clase. Cubra una mesa plegable o cualquier otra mesa pequeña con un mantel blanco. En el centro coloque un pedazo de tela verde, color que corresponde a la temporada de Tiempo Ordinario que viene entre el Domingo de la Trinidad (el domingo después de Pentecostés) y el domingo del Reinado de Cristo (el domingo antes de Adviento).

En la mesa coloque una Biblia abierta en la historia de hoy, una vela y fotos de líderes de la iglesia local, como maestros y maestras, ujieres, pastores o pastoras, músicos, custodios, y líderes de comité.

Pida a un o una estudiante que se prepare para leer la oración final en tiempo de alabanza y oración (vea la página 18)

Materiales:
Reproducible 1C
lápices

Accesorios de Zona®:
ninguno

¿Quién eres?

A medida que sus estudiantes llegan, déle a cada uno y a cada una copia del **Reproducible 1C**. Pídales que completen la hoja y se la devuelvan, pero que no compartan sus respuestas, ya que se usarán en un juego más adelante.

Revise las respuestas rápidamente para que pueda usar la información en la última pregunta del juego "¿Cuál es mi línea?". Revise la información más a fondo durante la semana y consérvela durante este trimestre. Le ayudará a conocer mejor a sus estudiantes.

Escoja una o más actividades para sumergir a sus estudiantes en la historia bíblica.

Marca en el celular

Reparta el **Reproducible 1D**, Biblias y lápices. Pida a sus estudiantes que completen la actividad (el rompecabezas) para descifrar el versículo bíblico. Asegúrese de que entiendan las instrucciones. Sugiera que trabajen en parejas para encontrar los pasajes bíblicos, debido a la posibilidad de que tenga estudiantes que nunca antes hayan abierto una Biblia. Mencione que ellos pueden encontrar fácilmente los libros de Samuel usando el índice. Explique que el primer número después del nombre del libro es el capítulo y el número que sigue a los dos puntos es el versículo.

Materiales:
Reproducible 1D
lápices
Biblias

Accesorios de Zona®:
ninguno

Disfruta la historia

Reparta los **Reproducibles 1A-1B**.

Asigne las partes a sus estudiantes. Déles unos minutos para revisar sus líneas. Ahora anímelos a actuar la historia.

Materiales:
Reproducibles 1A-1B

Accesorios de Zona®:
ninguno

Nudo pero uno habla

Ponga una **pelota graciosa** (la pelota de goma con nudos de colores) en una **mochila de colores**. A través de las trece lecciones, esto se usará como un método para que una persona hable a la vez.

Materiales:
ninguno

Accesorios de Zona®:
mochila de colores
pelota graciosa

Diga: Cuando estemos discutiendo sobre el tema de la clase, sólo la persona que tiene la pelota con nudos puede hablar. De esa manera podremos escuchar lo que esa persona tiene que decir. Si quieren decir algo, alcen su mano. Yo le tiraré la mochila de colores a alguien y diré "nudo pero uno habla". Tomen la pelota de la mochila y manténgala arriba cuando hablen. Si alguien más quiere hablar, pongan la pelota otra vez en la mochila, y tírela a esa persona y digan "nudo pero uno habla". En la Zona® de hoy es: "Nuestra iglesia nos ayuda a saber lo que Dios quiere que hagamos". Algunas veces usamos las palabras *llama* o *llamado* para indicar algo específico que creemos que Dios quiere que hagamos —como cuando Dios llamó a Samuel en nuestra historia. Dios te llama a ti y me llama a mí a seguir un camino en particular.

Haga las siguientes preguntas:
¿Qué Dios quiere que hagamos como iglesia?
¿Cómo has ayudado a alguien en la iglesia? ¿Has ayudado a alguien porque la iglesia te lo sugirió?
¿Cuándo has sentido que Dios quiere que intenten hacer algo difícil?
¿De qué manera la gente de la iglesia te ha ayudado a saber lo que Dios quiere que hagas?

PRIMARIOS MAYORES: LECCIÓN 1

Historia de la Zona Bíblica

Señor, estoy escuchando

Por Delia Halverson

Personajes:
Narrador, Samuel, Voz/Señor, Elí, Todos

Narrador: Aunque esta historia bíblica ocurrió hace miles de años, pudo haber pasado ayer mismo –por lo menos, partes de la historia pudo haber pasado ayer. La historia es acerca de un joven llamado Samuel que vivía en Silo, un gran centro de adoración, desde que era un niño pequeño. Él fue educado por un sacerdote llamado Elí y llegó a ser su ayudante.

Samuel: He pasado muchos años ayudando a Elí a cuidar el lugar de adoración. Algunas veces prendo las lámparas. Algunas veces barro el piso. Elí está envejeciendo y no puede ver bien. He obedecido a Elí y he hecho lo que me ha pedido.

Todos: Samuel ayudó a Elí a preparar el lugar de adoración.

Narrador: Una noche, mientras Samuel dormía en una estera cerca del arca sagrada en el templo del Señor, escuchó una voz.

Voz: ¡Samuel!

Todos: La voz llamó, "¡Samuel!

Narrador: Samuel se despertó de inmediato y se dirigió al cuarto de Elí.

Samuel: Aquí estoy, Elí. ¿Para qué me quería?

Elí: No te llamé, Samuel. Regresa a acostarte.

Narrador: Así que Samuel regresó a dormir.

Voz: ¡Samuel!

Todos: Otra vez la voz llamó, ¡Samuel!

Narrador: Samuel se despertó nuevamente y corrió al cuarto de Elí.

Samuel: Aquí estoy, Elí. ¿Para qué me quería?

Elí: Samuel, yo no te llamé. Regresa a acostarte.

Todos: Otra vez, Samuel regresó a dormir.

Narrador: Y otra vez, Samuel escuchó la voz.

Reproducible 1A

Permiso de fotocopiado otorgado para uso de la iglesia local. © 2007 Abingdon Press.

Voz: ¡Samuel!

Narrador: Una vez más, Samuel corrió al cuarto de Elí.

Samuel: Aquí estoy, Elí. ¿Para qué me quería?

Narrador: Para entonces, Elí se dio cuenta de lo que estaba sucediendo.

Todos: ¿Podría ser que el Señor estaba llamando a Samuel?

Elí: ¡Vuelve a acostarte, Samuel! Si alguien te habla otra vez, contesta, "Habla, que tu siervo escucha".

Narrador: Por tercera vez Samuel regresó a su estera.

Todos: La siguiente vez que la voz llamó, fue como si el Señor estuviera parado junto a Samuel.

Voz: ¡Samuel! ¡Samuel!

Samuel: Habla, que tu siervo escucha?

Señor: La familia de Elí me ha sido infiel y eso les causará dificultades. Le he advertido a Elí, pero se han desviado completamente.

Narrador: La mañana siguiente Elí le pidió a Samuel que le contara todo lo que el Señor le había dicho.

Todos: Samuel tuvo miedo, pero Elí insistió, así que le contó lo que Dios le había dicho.

Narrador: Samuel se convirtió en profeta. El ayudó a la gente a saber lo que Dios quería que hicieran. Samuel hablaba a menudo con Dios, escuchando que es lo que debía hacer. Samuel advirtió a la gente de Israel.

Samuel: Si verdaderamente quieren regresar al Señor, demuéstrenlo. Deshágance de sus ídolos. Preséntense al Señor con todo su corazón y alaben sólo a Dios.

Narrador: La gente se deshizo de sus ídolos y alabaron al único y verdadero Dios.

Todos: Alaben al Señor, el único Dios verdadero.

¿Quién soy?

Mi nombre es _____

Estoy en _____ grado en la escuela
_____

Los miembros de mi familia son
_____
_____

En mi tiempo libre me gusta
_____

Una tarea que tengo en casa pero no me gusta hacer es
_____

Mi comida favorita es
_____

Una cosa que hice este verano fue
_____

Algo que me gusta de la iglesia es
_____

Me gustaría que la gente de la iglesia fuera
_____

Una pregunta que tengo acerca de Dios es
_____

Si me tuviera que llamar como un animal raro, sería un
_____, porque _____

Reproducible 1C

Permiso de fotocopiado otorgado para uso de la iglesia local. © 2007 Abingdon Press.

Escoja una o más actividades para sumergir a sus estudiantes en la historia bíblica.

"¿Cuál es mi línea?"

Antes de la clase, coloque **máscaras de caras graciosas** en una **mochila de colores**. Prepare tantos pedazos de papel como número de estudiantes. En tres pedazos escriba, "¿Cuál es mi línea?". Coloque los pedazos de papel en la otra mochila. Pase la mochila con los papeles para que cada estudiante tome uno. Los tres con el nombre del juego en sus papeles serán los primeros. Haga que esos estudiantes se sienten enfrente de la clase.

Diga: Escogeré el nombre de un animal de los nombres que los tres participantes pusieron en sus papeles de "¿Quién soy?". Cada participante va a hacerse pasar por la persona que escogió ese animal. Cada uno va a tener la oportunidad de explicar por qué escogió ese nombre. La audiencia votará para escoger al "animal real". Si eres la persona que escribió el nombre del animal, utiliza la razón que escribiste o si no, inventa una razón. Hay máscaras en esta bolsa. Sin verlas, cada uno de ustedes participantes tomará una máscara y se la pondrá. Cuando le pida al animal real que se levante, se quitarán sus máscaras y el "animal real" se levantará.

Juegue varias veces, permitiendo que sus estudiantes escojan a los que les reemplacen. Asegúrese que todos tengan oportunidad de participar.

Diga: Les llamé cuando estaban en el grupo. ¿Cómo nos llama Dios? quizá sin usar nuestros nombres, pero ¿nos llama de otras maneras?

Materiales:
pedazos de papel
marcadores

Accesorios de Zona®:
máscaras de caras graciosas
mochilas de colores

Envíen a Samuel

Para esta variación de "Doña Blanca" divida a sus estudiantes en dos equipos. El objetivo es tener el equipo más grande en el tiempo asignado. Cada equipo se alinea (tomados de las manos) en los lados opuestos del cuarto. El equipo 1 llama, "Elí, Elí, envía a Samuel para que vea por qué". El equipo 2 responde: "¿Quién es Samuel?". El equipo 1 contesta el nombre de la persona que han escogido. Esa persona debe tratar de atravesar la fila del equipo 2. Si tiene éxito, el estudiante escoge a alguien para llevarse al equipo 1. Si fracasa, su estudiante se quedará con el equipo 2.

Materiales:
ninguno

Accesorios de Zona®:
ninguno

Dibuja el nombre

Entregue a cada estudiante una hoja de papel y marcadores negros. Pídales que escriban sus nombres en letra grande, utilizando casi todo el espacio del papel. Indíqueles que usen los marcadores de diferentes colores para hacer un dibujo a partir del nombre, pero dejando que sobresalgan las letras negras del nombre. Pídales que dejen sus nombres-dibujos en la mesa de celebración.

Materiales:
papel
marcadores negros
y de colores

Accesorios de Zona®:
ninguno

PRIMARIOS MAYORES: LECCIÓN 1

 de Vida

Escoja una o más actividades para que la Biblia cobre significado en la vida.

Aprende un cántico

Reparta el cántico "Shalom javerim" (**Reproducible 1E**). Dígale a sus estudiantes que *shalom* es una palabra hebrea que significa "paz". *Lehitraot* significa "nos veremos pronto" en hebreo. Hágales saber que usted usará este cántico al despedirse de la clase. Cántelo (**cántico 3**) varias veces.
Pida a sus estudiantes que revisen el cántico "Marchamos a Sión" (**Reproducible 1E; disco compacto, cántico 2**).

Diga: Aunque no hay un templo en la historia de hoy, leeremos cómo, más adelante, los hebreos construyeron un templo. Se darán cuenta que este cántico habla acerca de una marcha a Sión. Sión era el nombre que se le dio a la cresta de la colina donde se construyó el Templo de Jerusalén. El cántico nos recuerda la adoración como comunidad de creyentes. *(Escuche el disco compacto una vez y después cante varias veces)*. Usaremos este cántico como un llamado a congregarnos para nuestro tiempo de alabanza y oración. Cuando lo escuchen, dejen lo que estén haciendo rápidamente y únanse al cántico según viene a la mesa de celebración.

Materiales:
Reproducible 1E
tocadiscos de discos compactos

Accesorios de Zona®:
disco compacto

Alabanza y oración

Con anticipación, pegue un espejo dentro de una caja con tapa. Luego llame a sus estudiantes a la mesa de celebración para el tiempo de alabanza y oración, usando el cántico "Marchamos a Sión" (**Reproducible 1E; disco compacto, cántico 2**). Encienda la vela e invíteles a considerar el color apropiado de la estación y las fotos de los líderes de la iglesia que se encuentran en la mesa. Use le técnica de "Nudo pero uno habla" (ver la página 13) y pregunte por qué hay fotos en la mesa. *(Estas personas han respondido al llamado de Dios para servirle en diferentes maneras)*.

Diga: Hay personas que son llamadas a hacer algo especial para Dios. No sé lo que esto pueda ser exactamente, pero Dios le hará saber a esa persona lo que sea. Voy a hacer circular esta caja para que puedan mirar adentro y puedan tener una idea de a quién está llamando Dios. Cuando miren, no dejen que nadie más mire adentro. *(Haga circular la caja. Cuando todos hayan tenido la oportunidad de mirar adentro, pida al estudiante que usted ha asignado con anterioridad que cierre con una oración)*.

Pida a un estudiante que ore: "Dios nuestro, tú hablaste a Samuel hace muchos años. Aunque él era un niño, supo que tenías una misión especial para él. Muchas veces no sabemos exactamente lo que quieres que hagamos, pero queremos estar listos cuando nos lo pidas. Puede ser tan sencillo como sonreírle a alguien que se siente solo. Escucharemos a tu llamado. Amén."

Canten "Shalom javerim" (**Reproducible 1E; disco compacto, cántico 3**) para despedirse. Haga una copia de Zona Casera® para cada estudiante en su clase.

Materiales:
Reproducible 1E
tocadiscos de discos compactos
caja con tapa
espejo (pegado dentro de la caja)
mesa de celebración

Accesorios de Zona®:
mochila de colores
pelota graciosa
disco compacto

ZONA BÍBLICA®

Casera para estudiantes

RECUERDOS FAMILIARES

Los nombres son importantes. Dios llamó a Samuel por nombre. Usa un papel para hacer notas y entrevista a tu familia acerca de sus nombres. Haz preguntas como:

¿Por qué tus padres te dieron tu nombre?
¿Alguien más en tu familia tiene el mismo nombre?
¿Tiene algún significado tu nombre?
¿Qué te gusta y qué te disgusta de tu nombre?

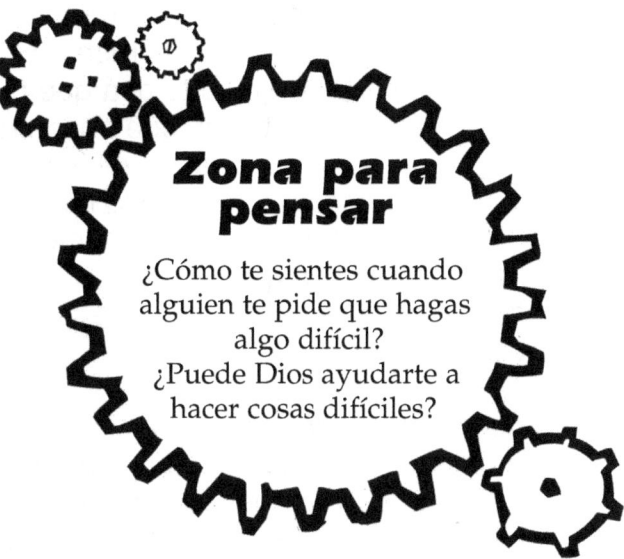

Zona para pensar

¿Cómo te sientes cuando alguien te pide que hagas algo difícil?
¿Puede Dios ayudarte a hacer cosas difíciles?

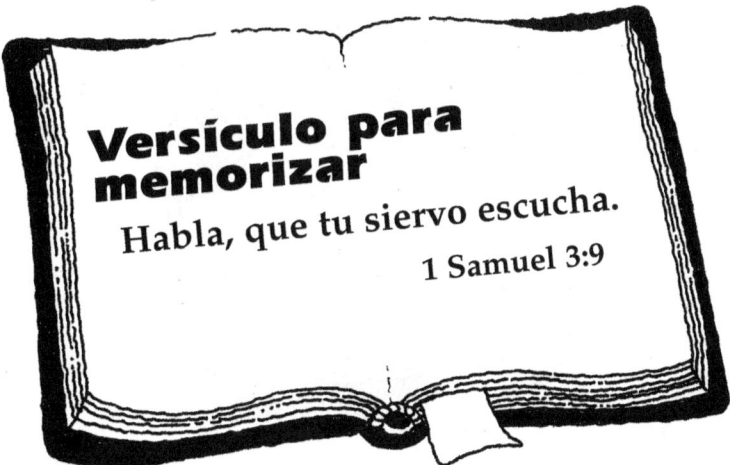

Versículo para memorizar

Habla, que tu siervo escucha.
1 Samuel 3:9

Escribe en galletas

Haz estas galletas y disfrútalas en una comida familiar. Necesitas un tubo de azucarado para escribir en las galletas.

Combina los siguientes ingredientes:
1 taza de azúcar
¾ taza de mantequilla o margarina
2 huevos
1 cucharadita de vainilla

Mezcla 1 cucharadita de polvo para hornear y ½ cucharaditas de sal con 2½ tazas de harina. Combina la mezcla de harina con la mezcla de azúcar y huevo. Enfría por una hora. Cuando esté frío, amasa en una superficie enharinada y corta en figuras.
Hornea a 400 grados por 12 minutos aproximadamente o hasta que las galletas tengan un color dorado. Enfría en una rejilla de alambre. Cuando estén frías, usa un tubo de azucarado para escribir los nombres de los miembros de tu familia en las galletas.

Nuestra iglesia nos ayuda a saber qué es lo que Dios quiere que hagamos.

Permiso de fotocopiado otorgado para uso de la iglesia local. © 2007 Abingdon Press.

Marca el versículo en el celular

Usa el código de teléfono celular para descifrar este versículo especial de 1 Samuel. Mira al conjunto de números de la derecha. El primer número en cada conjunto te dirá qué botón del teléfono celular que tienes que encontrar. El segundo número te indicará cuál letra de ese botón debes escoger. Escribe la letra en la línea de arriba del conjunto de números. Por ejemplo, 4-3 indica que busques el botón "4" y que escojas la tercera letra. La letra que debes escoger es la letra *i*.

Si necesitas ayuda, encuentra el libro de 1 Samuel en tu Biblia. Está en la primera parte de la Biblia. Ahora encuentra 1 Samuel 3:9. La traducción de tu Biblia puede ser un poquito distinta de la que se usó en el código.

‾‾‾ ‾‾‾ ‾‾‾ ‾‾‾ ‾‾‾   ‾‾‾ ‾‾‾ ‾‾‾   ‾‾‾ ‾‾‾
4-2 2-1 2-2 5-3 2-1   7-2 8-2 3-2   8-1 8-2

‾‾‾ ‾‾‾ ‾‾‾ ‾‾‾ ‾‾‾ ‾‾‾   ‾‾‾ ‾‾‾ ‾‾‾ ‾‾‾ ‾‾‾ ‾‾‾ ‾‾‾
7-4 4-3 3-2 7-3 8-3 6-3   3-2 7-4 2-3 8-2 2-3 4-2 2-1

1 Samuel 3:9

Reproducible 1D

Permiso de fotocopiado otorgado para uso de la iglesia local. © 2007 Abingdon Press.

ZONA BÍBLICA®

Cántico de

Shalom javerim

Shalom javerim,
shalom javerim.
Shalom, shalom.
Le-hit-ra-ot, le-hit-ra-ot,
shalom, shalom.

Shalom, pase el pan
el vino también.
Shalom, shalom.
Dios hoy con nosotros
y siempre estará.
Shalom, shalom.

Shalom, Rey de reyes,
Señor de señores.
Shalom, shalom.
Su paz con nosotros
siempre estará.
Shalom, shalom.

LETRA: Bendición tradicional hebrea; trad. por Diana Beach.
MÚSICA: Melodía de Israel.
Trad. © 1982 The United Methodist Publishing House, admin. por The Copyright Co., Nashville, TN 37212.

Marchamos a Sión

Marchamos a Sión,
lindo, lindísimo Sión.
Marchamos hacia Sión,
la linda ciudad de Dios.

LETRA: Robert Lowry; trad. por Diana Beach.
MÚSICA: Robert Lowry
Trad. © 2007 Abingdon Press, admin. por The Copyright Co., Nashville, TN 37212.

Una casa para Dios

Entra a la Zona

Versículo bíblico
¡Qué alegría cuando me dicen: "Vamos al templo del Señor!"

Salmo 122:1

Historia bíblica
1 Reyes 5:1-12; 6:1-22; 8:1-4, 12-26, 54-61

El sueño del rey David, de construir un templo de adoración para Dios, nunca se realizó. Aunque la Biblia atribuye esta situación a la infidelidad de David, sus constantes conflictos militares también interfirieron con sus planes. Su hijo Salomón fue capaz de suprimir los conflictos con otras naciones y negociar con ellas para obtener los materiales necesarios para poder construir la casa de Dios. Esto benefició a todas las naciones involucradas, creando una interdependencia raramente vista en la historia bíblica. Los líderes de los otras naciones respetaban al Dios de Israel como una deidad tribal, a pesar de que no reconocían a Dios como el único y verdadero Dios.

El arca del pacto había sido el recordatorio a Israel de la presencia de Dios durante su deambular por el desierto y fue delante de ellos hasta la tierra prometida. Ahora el arca iba a tener un lugar prominente en la nueva estructura dedicada a Dios. Aunque reconocemos "la casa de Dios" como un lugar donde vamos a experimentar la presencia de Dios, también reconocemos que Dios está con nosotros dondequiera que estemos. Los símbolos físicos como edificios para la adoración y otros objetos nos ayudan a tener conciencia de la presencia de Dios, pero debemos tener cuidado y no confundir los símbolos con lo que simbolizan.

Para la gente en la antigüedad, un nombre representaba toda la dimensión y cualidad de la persona, lugar o cosa que lleva el nombre. Al llamar "Casa de Dios" a la estructura donde iba a habitar el arca, se sugería que la plenitud de Dios moraría allí y que los que la construían tendrían acceso a este Dios. La oración de Salomón al terminar el Templo representa nuestra invitación a Dios a nuestros lugares de adoración, donde juntos tenemos acceso a Dios.

Los rituales de adoración, las estructuras religiosas y los objetos que contienen, se convierten en medios con los cuales nos sentimos capaces de conectarnos con Dios. Activan nuestros sentidos y nuestro espíritu. Al mismo tiempo, cuando cambian, debemos recordar que el Espíritu de Dios no puede ser restringido a ninguna forma específica.

Nuestra iglesia es un lugar especial donde podemos adorar a Dios.

Vistazo a la

ZONA	TIEMPO	MATERIALES	⊚ ACCESORIOS DE ZONA®
Acércate a la zona			
Entra a la Zona	10 minutos	tocadiscos de discos compactos, página 174, mesa de celebración, fotografía de su santuario o de un objeto usado en la adoración	disco compacto
Crea un collage tamaño mural	10 minutos	ver la página 24	ninguno
Ver una transparencia	5 minutos	proyector de transparencias	Transparencia 1
Zona Bíblica®			
Habla acerca de la adoración	5 minutos	diccionarios	mochila de colores pelota graciosa
Disfruta la historia	5 minutos	Reproducible 2A, Biblias lápices	ninguno
Pasa el versículo con la pelota de goma	5 minutos	pizarrón o pedazo grande de papel, tiza o marcador	pelotas de goma
Hacer instrumentos	10 minutos	ver la página 29	ninguno
Zona de Vida			
Revoltijo de símbolos	5 minutos	Reproducible 2B, tijeras	mochila de colores medalla con hilo de lana
Alabanza y oración	10 minutos	Reproducible 1E y 2E tocadiscos de discos compactos, mesa de celebración	pelota graciosa disco compacto

⊚ Los Accesorios de Zona® se encuentran en el Paquete de **DIVERinspiración®**.

Acércate a la

Escoja una o más actividades para capturar el interés de sus estudiantes.

Materiales:
tocadiscos de discos compactos
página 174
mesa de celebración
fotografía de su santuario o un objeto utilizado en la adoración

Accesorios de Zona®:
disco compacto

Entra a la Zona

Tenga "Cantaré" (**cántico 15 del disco compacto**) tocando mientras sus estudiantes entran al salón de clases. Salúdeles con una sonrisa.

Diga: ¡Bienvenidos a la Zona Bíblica! Estoy feliz de que estén aquí. ¡Este es un lugar divertido donde llegaremos a conocer la Biblia!

Si sus estudiantes no se conocen, déles a todos las etiquetas para que escriban sus nombres (página 174). La letra de "Cantaré" es muy sencilla, así que invíteles a cantar el cántico con usted.

Pida a algún alumno o alumna de los que llegaron temprano que le ayude a preparar la mesa de celebración con la tela verde, la vela y la Biblia. Junto a la vela coloque la fotografía del santuario o un objeto que se use regularmente en la adoración y que se reconozca fácilmente.

Pida a un alumno que se prepare para leer la oración final en su tiempo de alabanza y oración (ver la página 30).

Materiales:
papel grande
marcadores
pegamento en barra,
figuras geométricas cortadas de papel de construcción de varios colores
papel, retazos de tela, papel de aluminio
papel tapiz (de empapelar)

Accesorios de Zona®:
ninguno

Crea un collage tamaño mural

Pida, entre los o las estudiantes que llegaron temprano, que le ayuden a crear un collage tamaño mural para ilustrar cómo se adora a Dios en su iglesia. Póngales a trabajar con los siguientes materiales: papel de construcción de varios colores, papel de aluminio, retazos de tela y muestras de papel tapiz–todo cortado previamente en figuras geométricas de varios tamaños, pegamento en barra y marcadores. Use un pedazo grande de papel como fondo. Titule el mural: "Adoramos a Dios en la Iglesia".

Materiales:
proyector de transparencias
Transparencia 1

Accesorios de Zona®:
ninguno

Ve una transparencia

Proyecte en la pared la **Transparencia 1** y hable acerca de algunos de los objetos que se ven allí. Quizá algunos de los objetos en la transparencia no se encuentren en su santuario, pero hablar acerca de ellos ayuda a sus estudiantes a comprender que muchas iglesias adoran de manera distinta, y que no hay ningún problema en esto.

Si el tiempo lo permite, visiten su propio lugar de adoración y hable acerca de cualquier objeto que se encuentre aquí y que no vieron en la transparencia.

Escoja una o más actividades para sumergir a sus estudiantes en la historia bíblica.

Habla acerca de la adoración

Use la técnica de "Nudo pero uno habla" (ver la página 13) para animar a sus estudiantes a hablar acerca de lo que pusieron al collage y a explicar por qué lo pusieron.

Reparta los diccionarios y pida a sus estudiantes que lean las diferentes definiciones de adoración. Después use las siguientes preguntas para comenzar una discusión acerca de la adoración.

Haga las siguientes preguntas a sus estudiantes:
¿Dónde podemos adorar? *(En cualquier lugar.)*
¿Cuál es el nombre del recinto donde adoramos juntos? *(Su iglesia puede tener un nombre diferente para este lugar además de "santuario", pero introdúzcalos a esta palabra y explique que un santuario es un lugar seguro. Puede buscar también la definición de "santuario" en el diccionario.)*
¿Quiénes nos dirigen en la adoración? *(Señale que no hay intérpretes y que nosotros no somos una audiencia. Adoración es un verbo activo. Todos estamos adorando a Dios; los líderes de adoración son como los entrenadores que nos ayudan y Dios es la audiencia.)*
¿Qué es lo que más les gusta de nuestros servicios de adoración?

Diga: La historia de hoy nos narra cómo los hebreos construyeron un lugar especial de adoración llamado Templo.

Materiales:
diccionarios

Accesorios de Zona®:
mochilas de colores
pelota graciosa

Disfruta la historia

Reparta el **Reproducible 2A**, Biblias y lápices. Anime a sus estudiantes a trabajar en parejas y a usar los pasajes de la Escritura impresos al final de cada párrafo para completar las palabras que faltan en la historia.

Las palabras que faltan son: *David, guerra, cedro, grano (o trigo), aceite de oliva, bloques de piedra, santo, oro, Monte Sión, refugios, tienda, pacto, bendición.*

Materiales:
Reproducible 2A
Biblias
lápices

Accesorios de Zona®:
ninguno

PRIMARIOS MAYORES: LECCIÓN 2

Historia de la  Bíblica

Salomón construye el Templo

Por Delia Halverson

Salomón era el rey de Israel. Él siguió al trono a su padre, _ _ _ _ _. Su padre no había podido construir el Templo porque siempre estaba en _ _ _ _ _ _ con otros pueblos. Salomón sometió a sus enemigos y trajo paz a Israel. Ya estaba listo para construir un lugar especial de adoración a Dios. (1 Reyes 5:1-4)

Salomón pidió a Hiram, el rey de Tiro, que sus trabajadores cortaran árboles de _ _ _ _ _ en el Líbano. A cambio, Salomón ofreció a Hiram _ _ _ _ _ y _ _ _ _ _ _ _ _ _ _ _ _ _ para alimentar a su parentela. El acuerdo que firmaron trajo paz entre ambos pueblos. (1 Reyes 5:5-12)

Cuando Salomón comenzó a construir el Templo, habían pasado 480 años desde que el pueblo de Israel había dejado a Egipto. Además de la madera de Tiro, los trabajadores usaron _ _ _ _ _ _ _ de _ _ _ _ _ _, que extraían de las canteras y le daban forma lejos del Templo para que el ruido de los martillos no se escuchara en el Templo.

Dentro del Templo había un lugar _ _ _ _ _, donde el arca del pacto se ubicaría. Él cubrió las paredes con _ _ _ para que la gente pensara en lo especial que Dios era. (1 Reyes 6:1-22)

El arca del pacto se mantuvo en el _ _ _ _ _ _ _ _ _ hasta que el Templo se completó. Durante el Festival de _ _ _ _ _ _ _ _, el rey Salomón hizo que trasladaran el arca del pacto a su lugar en el Templo junto con la _ _ _ _ _ _ sagrada. (1 Reyes 8:1-4)

Cuando terminaron de trasladar el arca sagrada, Salomón hizo una oración especial a Dios, dedicando el Templo como casa de Dios. Luego bendijo al pueblo, diciéndoles que el lugar especial en el Templo guardaba el _ _ _ _ _, o acuerdo entre Dios y el pueblo. Les ofreció una _ _ _ _ _ _ _ _ _ _, diciéndoles que siguieran a Dios para que todas las naciones supieran que el Señor es el único y verdadero Dios.
(1 Reyes 8:12-26, 54-61)

Reproducible 2A

Permiso de fotocopiado otorgado para uso de la iglesia local. © 2007 Abingdon Press.

ZONA BÍBLICA®

Cruz
La cruz vacía nos recuerda que Cristo murió por nosotros y venció la muerte. Para los cristianos es símbolo de vida eterna.

Pez
Jesús nos mandó a ser pescadores de hombres. El pez era un símbolo secreto de la iglesia primitiva.

Paloma
Una paloma descansó en Jesús cuando fue bautizado. Fue usada por Noé para probar las aguas después del diluvio. Representa al Espíritu Santo y la usamos como símbolo de paz.

Llama
Durante el Pentecostés (el cumpleaños de la iglesia), la gente fue llena del Espíritu Santo, parecía que tenían fuego sobre sus cabezas. Moisés oyó la voz de Dios que salía a través de una zarza ardiente.

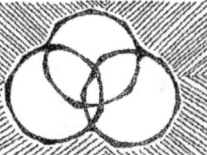

Tres círculos
Este símbolo se utiliza para representar a la Trinidad. La Trinidad representa tres maneras en las que experimentamos a Dios: Dios Padre, Dios Hijo y el Espíritu Santo.

Vela
Cualquier símbolo de luz representa cómo reconocemos a Cristo como nuestra luz en el mundo. Puede simbolizar como debemos llevar esa luz al mundo.

Estrella
La estrella de cinco picos representa el nacimiento de Jesús que fue señalado por una estrella especial.

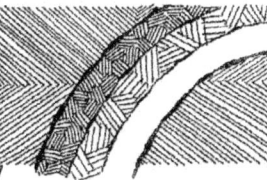

Arco iris
Después del diluvio, Dios hizo un pacto con Noé de nunca destruir la tierra nuevamente con un diluvio. El arco iris simboliza ese pacto. Nos recuerda el pacto de amor de Dios por nosotros.

Concha
La concha simboliza el bautismo por su asociación con el agua. Juan el Bautista pudo haber usado una concha para recoger agua para bautizar a Jesús.

Pan y la copa
El pan y la copa simbolizan el pan y el vino que Jesús compartió con sus discípulos durante la Última Cena. La comunión es nuestra manera de recordar esa ocasión.

Vasija y la toalla
La vasija y la toalla nos recuerdan del tiempo en que Jesús actuó como siervo y lavó los pies de sus discípulos. Usamos este símbolo para recordar que somos siervos por Dios.

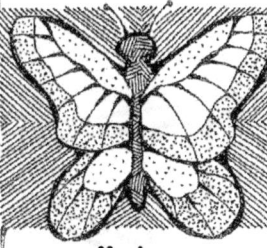

Mariposa
Cuando una oruga se transforma en mariposa, recordamos que Cristo murió, fue enterrado y resucitó de los muertos.

Campana
La campana es un símbolo de celebración y llamamiento a la adoración. Una oportunidad para celebrar a Cristo.

Cordero
En tiempos bíblicos, la gente usaba corderos cuando necesitaban hacer un sacrificio a Dios. Cristo sacrificó su vida por nosotros.

Bote
El bote simboliza la iglesia. Parte de nuestra área de adoración se llama la "nave" que viene de la palabra latina usada para decir barco. Recordamos que Jesús calmó la tormenta.

Líneas curvas
Las líneas curvas representan el Espíritu Santo, que es como el viento se sopla atravesando la tierra, o como el aliento dentro de nosotros.

Instrumentos de celebración

La música ha servido siempre como una manera de expresar nuestras emociones y desde los remotos tiempos bíblicos, la gente ha usado instrumentos musicales para celebrar y adorar a Dios. Cuando Israel tenía reyes, los músicos tomaban lugares importantes cerca del rey y de los sacerdotes. Eran considerados tan importantes que durante tiempo de guerra, comúnmente, se les perdonaba la vida.

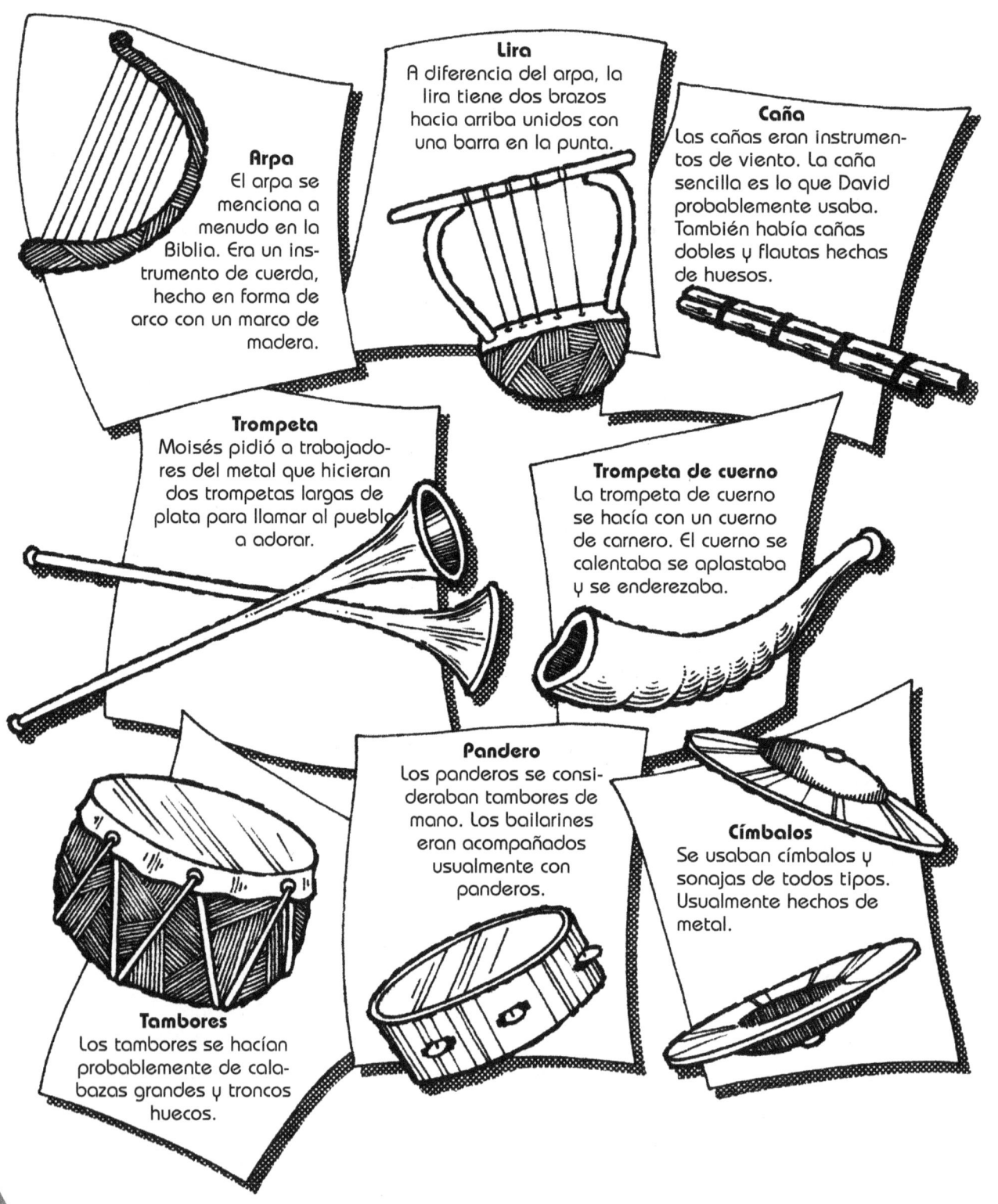

Arpa
El arpa se menciona a menudo en la Biblia. Era un instrumento de cuerda, hecho en forma de arco con un marco de madera.

Lira
A diferencia del arpa, la lira tiene dos brazos hacia arriba unidos con una barra en la punta.

Caña
Las cañas eran instrumentos de viento. La caña sencilla es lo que David probablemente usaba. También había cañas dobles y flautas hechas de huesos.

Trompeta
Moisés pidió a trabajadores del metal que hicieran dos trompetas largas de plata para llamar al pueblo a adorar.

Trompeta de cuerno
La trompeta de cuerno se hacía con un cuerno de carnero. El cuerno se calentaba se aplastaba y se enderezaba.

Pandero
Los panderos se consideraban tambores de mano. Los bailarines eran acompañados usualmente con panderos.

Címbalos
Se usaban címbalos y sonajas de todos tipos. Usualmente hechos de metal.

Tambores
Los tambores se hacían probablemente de calabazas grandes y troncos huecos.

Reproducible 2C

Escoja una o más actividades para sumergir a sus estudiantes en la historia bíblica.

Pasa el versículo con la pelota de goma

Con anterioridad escriba el versículo bíblico en el pizarrón o en un papel grande con líneas entre las palabras como sigue: ¡Qué/ alegría cuando/ me dicen:/ "Vamos al templo/ del Señor"! (Salmo 122:1)

Reúna a sus estudiantes en un círculo, parados con los brazos levantados y extendidos hacia los lados, lo suficientemente cerca uno de los otros como para que sus manos se toquen. Empiece el ritmo –constante, pero sin prisa "UNO y DOS y TRES, y UNO y DOS y TRES, y…" En "UNO", ambos brazos estarán extendidos hacia los lados. En "DOS", traiga la mano derecha al centro del cuerpo. En "TRES", traiga la mano izquierda a que se encuentre con la mano derecha. Practiquen hasta que lo hagan bien. Dé a cada estudiante una **pelota de gom**a. Pídales que la pongan en sus manos derechas. Cuando las manos se juntan en el centro de sus cuerpos, la pelota pasa de su mano derecha a su mano izquierda. Cuando las manos están extendidas, reciben la pelota nueva en la mano izquierda y ponen la pelota que tenían en la mano izquierda en la mano derecha de la persona que tienen a su izquierda. Practique con las pelotas. Añada el versículo bíblico:

1 y 2 y 3 y / 1 y 2 y 3 y / 1 y 2 y 3 y / 1 y 2 y 3 y /
   ¡Qué alegría cuando   me   dicen: "Vamos

1 y 2 y 3 y / 1 y 2 y 3 y / 1 y 2 y 3 y / 1 y 2 y 3 y /
al templo   del Señor"! Salmo 122:1 ¡Qué …

Si se le acaban las pelotas de goma, añada artículos para que cada persona tenga uno –objetos suficientemente pequeños para que quepan en la palma de la mano.

Hacer instrumentos

Reparta el **Reproducible 2C**. Permita que sus estudiantes estudien la información de los instrumentos de los tiempos bíblicos. Reparta el **Reproducible 2D** y ayude a sus estudiantes a hacer alguno de los instrumentos musicales para acompañar su canto. Planee usar los instrumentos durante este trimestre.

Si algunos de sus estudiantes toca algún instrumento musical, anímelos para que los traigan y los toquen durante el tiempo de celebración.

Materiales:
pizarrón o papel grande
tiza o marcador

Accesorios de Zona®:
pelotas de goma

Materiales:
Reproducibles 2C-2D
palitos de ½ a 1 pulgada de diámetro
marcadores
cascabeles
elástico de 1 pulgada
hilo y aguja o seguros grandes (imperdibles)
cajas de avena, recipientes (envases) de plástico con tapas, botes de hojalata de tamaño comercial o cubetas de madera
piedras pequeñas
botones o bellotas
charolas (moldes) de aluminio para tartas
vasos de plástico, cajas o botellas (8 onzas) con tapas
papel para cubrir los "tambores"
cinta adhesiva
bloques de madera
papel de lija áspera
tachuelas

Accesorios de Zona®:
ninguno

Escoja una o más actividades para sumergir a sus estudiantes en la historia bíblica

Materiales:
Reproducible 2B (recortado en tarjetas)

Accesorios de Zona®:
mochila de colores
medallas con cinta

Revoltijo de símbolos

Haga copias para sus estudiantes del Reproducible 2B, para llevar a casa. Haga una copia para recortar y usar en el juego en clase. Recorte un juego de tarjetas y colóquelas en la mochila de colores. Dé a cada estudiante una hoja de papel y un lápiz.

Diga: Tengo unas tarjetas de símbolos cristianos en esta mochila. Voy a revolver los símbolos y cada uno de ustedes tendrá la oportunidad de sacar un símbolo de la bolsa y tratará de explicarlo sin que los demás lo vean. No pueden decir el nombre del símbolo, pero pueden explicar un poco acerca de lo que representa. Las explicaciones están en las tarjetas. El resto de nosotros trataremos de dibujar el símbolo en nuestros papeles. También podemos hacer preguntas para ayudarnos a determinar cuál es el símbolo. La primera persona que dibuje el símbolo correcto recibirá una medalla la que podrá usar por el resto de la clase.

Decida quién tendrá el primer turno para sacar la tarjeta con el símbolo preguntando quién tiene la fecha de cumpleaños más cercana al día de hoy. Cuando termine el turno de esa persona, él o ella pasará la mochila a la siguiente y así sucesivamente.

Materiales:
Reproducibles 1E y 2E
tocadiscos de discos compactos
mesa de celebración

Accesorios de Zona®:
disco compacto
pelota graciosa
mochila de colores

Alabanza y oración

Llame a la clase a la mesa de celebración para el tiempo de alabanza y oración, usando la canción "Marchamos a Sión" **(Reproducible 1E; disco compacto, cántico 2)**. Encienda la vela e invíteles a considerar el color apropiado de la estación y la fotografía u objetos del santuario.

Use la técnica de "Nudo pero uno habla" para hacer las siguientes preguntas:
¿Por qué tenemos una fotografía o objetos del santuario en la mesa?
¿Qué aprendieron hoy acerca de nuestro santuario?

Reparta el **Reproducible 2E**. Invite a sus estudiantes a cantar "¡Vengan! Todos adoremos!" **(cántico 4 del disco compacto)** usando los instrumentos que hicieron.

Pida al alumno o alumna que usted preparó con anterioridad, que lea la oración final: "Dios nuestro, sabemos que tú quieres que te adoremos. Tenemos muchas cosas en nuestro templo que nos recuerdan que debemos adorarte. Las usaremos para alabarte. Amén".

Canten "Shalom javerim" **(Reproducible 1E; disco compacto, cántico** 3) para despedirse.

Haga una copia de Zona Casera® para cada estudiante en su clase.

 # Casera para estudiantes

SÍMBOLOS MINIATURA

Pide a un adulto que te ayude con este proyecto. Precalienta tu horno a 275 grados.

Dibuja con marcador permanente símbolos cristianos (como una cruz, un pez o una paloma) en una tapa grande de plástico. Recorta un diseño y traza las líneas de la figura con el marcador permanente. Añade otros diseños si quieres. Usa un perforador de papeles para hacer dos agujeros en la parte de arriba del símbolo, uno junto al otro para hacer un agujero grande.

Cubre una charola para galletas con papel de aluminio y coloca los símbolos en el aluminio. Coloca la charola con símbolos en el horno. Si los símbolos se empiezan a arrugar, aplástalos con una espátula o un palo, o reduce un poco la temperatura del horno. Aplasta los símbolos con una espátula. Ensarta estambre en el hueco para colgar la miniatura.

Puedes hacer varios símbolos para compartirlos con otras personas.

Zona para pensar

¿Puedes encontrar en tu casa un lugar especial para pensar en Dios y tener tiempo a solas con él?

Pan sin levadura

Algunas iglesias hornean su propio pan para la Santa Cena. En la Santa Cena recordamos la última comida que Jesús hizo con sus discípulos. En esta cena ellos comieron pan que no contenía levadura y por lo tanto no se esponjaba. Intenta hacer esta receta de pan aplastado de papa noruego o suizo.

3 tazas de papas majadas frías
3 tazas de harina (o menos, dependiendo de la humedad de las papas)
1 cucharadita de sal
1 cucharada de azúcar
1 cucharada de manteca vegetal
2 cucharadas de leche-crema

Mezcla los ingredientes. Amasa sobre un trapo para pastelería enharinado, como para hacer tarta, usando suficiente harina sólo para que no se sienta pegajosa. Amasa tan delgado como puedas. (Un rodillo puede ayudarte). Hornea en una plancha caliente (400 grados) por los dos lados. Una freidora eléctrica es buena para esto. No hornees demasiado tiempo. Enfría en una toalla para trastes y dobla en cuadros. Para comer, desdobla y unta mantequilla y espolvorea azúcar y canela. ¡Enrolla y disfruta!

Versículo para memorizar

¡Qué alegría cuando me dicen: "Vamos al templo del Señor"!

Salmo 122:1

Nuestra iglesia es un lugar especial donde podemos adorar a Dios.

Haz tus propios instrumentos

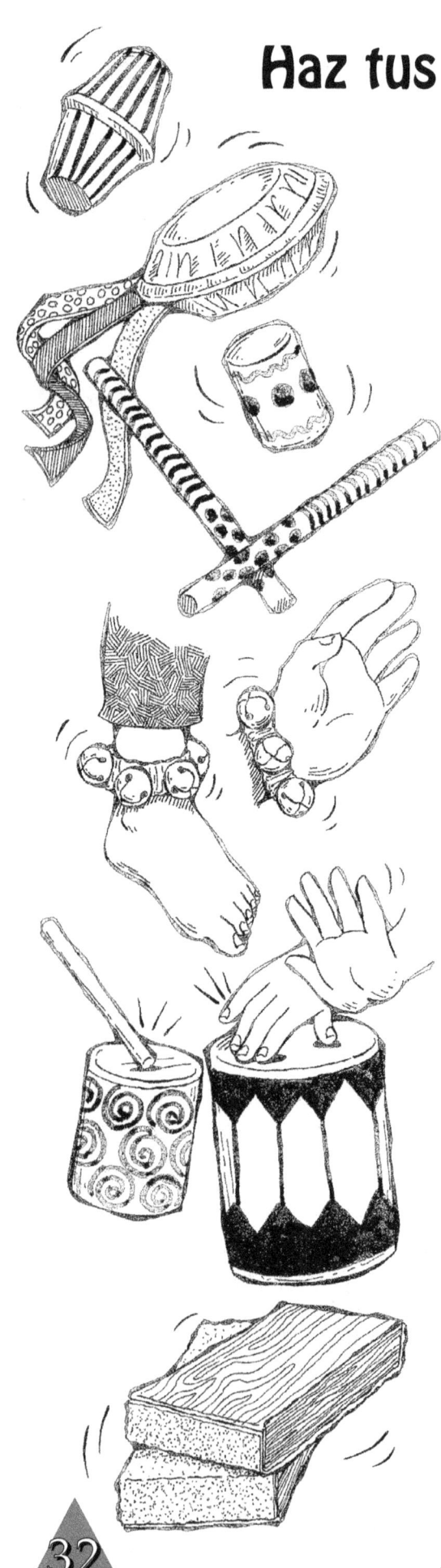

Sonajas
- Necesitarás: charolas de aluminio para tarta, vasos de plástico duro, una caja con tapa, o una botella para beber con tapa; piedras pequeñas, botones o bellotas, cinta adhesiva.
- Para el pandero, coloca piedras, botones o bellotas en una charola de aluminio para tarta y usa cinta adhesiva para pegar una charola sobre otra.
- Para las sonajas, coloca piedras pequeñas, botones o bellotas en un vaso de plástico duro. Pega otro vaso sobre el primero con cinta adhesiva. También puedes poner los objetos en una caja o botella con tapa.
- Usa el instrumento para llevar el ritmo de la música.

Claves (palitos)
- Necesitarás: dos palos o baquetas de 9 a 12 pulgadas de largo y ½ a 1 pulgada de diámetro.
- Usa marcadores o pintura para decorar las claves.
- Usa las claves al ritmo de la música golpeándolas una con otra y golpeando el suelo con ellas.

Cascabeles para el puño o el tobillo
- Necesitarás: cascabeles, elástico de una pulgada del tamaño adecuado para tu puño o tobillo, hilo y aguja o un seguro grande (imperdible).
- Corta el elástico de manera que te quede el tamaño de tu muñeca o tobillo cuando los extremos están atados juntos.
- Pega los cascabeles al elástico ya sea cosiéndolos o usando seguros.
- Agita tu muñeca o patea tu pie al ritmo de la música.

Tambores
- Necesitarás: una caja grande de avena, un bote de hojalata de tamaño comercial o una cubeta de madera o barril.
- Si deseas, cubre el tambor con papel para decorarlo.
- Usa tus manos o una baqueta para marcar el ritmo de la música.

Bloques de lija
- Necesitarás: bloques de madera, papel de lija áspera, tachuelas o pistola de grapas.
- Selecciona dos bloques de madera del mismo tamaño.
- Corta dos pedazos de papel de lija áspera aproximadamente una pulgada más grandes que los bloques y colócalos en ambos lados de los bloques.
- Dobla las orillas del papel de lija en los extremos y asegúralos con tachuelas o con grapas.

Reproducible 2D

Zona Bíblica®

Permiso de fotocopiado otorgado para uso de la iglesia local. © 2007 Abingdon Press.

Cántico de

¡Vengan! ¡Todos adoremos!

¡Vengan! ¡Todos adoremos con cantos y oración!
¡Vengan! ¡Todos adoremos a nuestro Señor!

Hemos de acordarnos del día del Señor.
Es día de descanso; no hay que trabajar.

¡Vengan! ¡Todos adoremos con cantos y oración!
¡Vengan! ¡Todos adoremos a nuestro Señor!

Hemos de acordarnos cuán bueno es nuestro Dios.
Nos ayuda con amor; nos cuida también.

¡Vengan! ¡Todos adoremos con cantos y oración!
¡Vengan! ¡Todos adoremos a nuestro Señor!

Hemos de acordarnos que toda bendición
viene de nuestro buen Dios. Démosle loor.

¡Vengan! ¡Todos adoremos con cantos y oración!
¡Vengan! ¡Todos adoremos a nuestro Señor!

Hemos de acordarnos que Cristo el Señor
a orar nos enseñó para hablar con Dios.

¡Vengan! ¡Todos adoremos con cantos y oración!
¡Vengan! ¡Todos adoremos a nuestro Señor!

Hemos de acordarnos que Dios nos guiará
por la senda con su luz para no caer.

¡Vengan! ¡Todos adoremos con cantos y oración!
¡Vengan! ¡Todos adoremos a nuestro Señor!

LETRA: Natalie Sleeth; trad. por María Luisa Santillán de Baert.
MÚSICA: Natalie Sleeth.
© 1991 Cokesbury, admin. por The Copyright Co., Nashville, TN 37212.

Josías

Entra a la ZONA

Versículo bíblico
Dame entendimiento para guardar tu enseñanza; ¡quiero obedecerla de todo corazón!
Salmo 119:34

Historia bíblica
2 Reyes 22:1–23:3, 21-23

El reino de Israel, unificado por David, el sucesor de Saúl, se dividió entre el reino del Norte (Israel) y el reino del Sur (Judá). Esto ocurrió luego del reinado de Salomón, hijo de David. El rompimiento de esta unión tiene paralelo con el rompimiento de la relación íntima del pueblo con el Dios de Abraham.

Dos reyes, temerosos de Dios, jugaron papeles importantes en el retorno de Israel a la adoración a Dios. Exequías, quien reinó sobre el reino del sur, Judá, buscó el consejo del profeta Isaías. El rey pareció entender y aceptar las implicaciones del pacto antiguo entre Dios y el pueblo hebreo y trajo nuevamente al pueblo a la adoración pura del único y santo Dios en Judá.

El segundo rey fue Josías, nieto de Exequías. El también ayudó a moldear el regreso de Judá y parte de Israel a la adoración exclusiva de Dios. Estos reyes, fueron líderes que dirigieron a la nación de regreso a Dios en momentos en que el reino se encontraba en su punto más bajo.

En la historia de hoy, el sumo sacerdote, Hilcías, encuentra los rollos de la ley en el Templo y los trae ante el rey, Josías. Estos escritos (se cree que eran Deuteronomio 12-26, 28) describían ciertos rituales en la adoración a Dios. Uno de estos rituales era la observancia de la Pascua, práctica que el pueblo había abandonado con el paso de los años. Quizá quiera leer y comparar 2 Crónicas 34-35.

Antes de que se encontraran los rollos perdidos, Josías ya estaba haciendo cambios. Pero ahora con el hallazgo de los rollos, el rey comenzó a ayudar a la gente a comprender la importancia de estos escritos, ya que en ellos se les daba instrucciones de cómo Dios quería que vivieran sus vidas. Probablemente el cambio fue muy duro; pero fue muy importante para el rey Josías, especialmente al estar respaldado por esta recién descubierta palabra de Dios, por lo cual es importante para nosotros también.

Nuestra iglesia nos ayuda a aprender acerca de la Biblia.

Vistazo a la

ZONA	TIEMPO	MATERIALES	ACCESORIOS DE ZONA®
Acércate a la zona			
Entra a la Zona	10 minutes	Tocadiscos de discos compactos, página 174, mesa de celebración, diferentes traducciones de la Biblia	disco compacto
Leyes escondidas	5 minutos	Reproducible 3C, lápices	ninguno
ZONA Bíblica®			
Parafrasea el versículo	5 minutos	Reproducible 3B, diferentes traducciones de la Biblia	ninguno
Disfruta la historia	5 minutos	Reproducible 3A	ninguno
Discute la Biblia	5 minutos	ninguno	mochilas de colores, pelota graciosa
Hockey de ley bíblica	5 minutos	Reproducible 3D; 2 cubetas, lata grandes o cajas; tijeras	palos de jockey inflables, pelota brillante, medallas con hilo de lana, mochila de colores
Cuaderno de leyes bíblicas	10 minutos	Reproducible 3D, papel blanco, tijeras, pegamento, agujas, hilo, papel de construcción de varios colores	ninguno
Zona de Vida			
Alabanza y oración	10 minutos	Reproducibles 1E y 3E, tocadiscos de discos compactos, mesa de celebración	pelota graciosa, mochila de colores, disco compacto

◎ Los Accesorios de Zona® se encuentran en el Paquete de **DIVERinspiración®**.

Acércate a la

Escoja una o más actividades para capturar el interés de sus estudiantes.

Materiales:
tocadiscos de discos compactos
página 174
mesa de celebración
diferentes traducciones de la Biblia

Accesorios de Zona®:
disco compacto

Entra a la Zona

Tenga "Cantaré" (**cántico 15 del disco compacto**) tocando mientras sus estudiantes entran al aula. Salúdeles con una sonrisa.

Diga: ¡Bienvenidos a la Zona Bíblica! Estoy feliz de que estén aquí. ¡Este es un lugar divertido donde llegaremos a conocer la Biblia!

Si sus estudiantes no se conocen, déles las etiquetas para que escriban sus nombres (página 174). La letra de "Cantaré" es muy sencilla, así que invíteles a cantar este cántico con usted.

Pida a una o a un estudiante, que haya llegado temprano, que le ayude a preparar la mesa de celebración con la tela verde, la vela y la Biblia. Junto a la vela coloque las diferentes traducciones de la Biblia.

Pida a un o una estudiante que se prepare para leer la oración final en su tiempo de alabanza y oración (ver la página 42).

Materiales:
Reproducible 3C
lápices

Accesorios de Zona®:
ninguno

Leyes escondidas

Reparta el **Reproducible 3C** y pida a sus estudiantes que encuentren en la ilustración las señales que representan algunas de las leyes o reglas que seguimos.

Hay un lugar en la parte inferior de la página para que escriban las leyes que encuentren.

Escoja una o más actividades para sumergir a sus estudiantes en la historia bíblica.

Parafrasea el versículo

Reparta el **Reproducible 3B** y lápices. Tenga disponibles diferentes traducciones de la Biblia.

Pida a sus estudiantes que lean la información, que sigan las instrucciones y que parafraseen el versículo bíblico de hoy.

Materiales:
Reproducible 3B
diferentes traducciones de la Biblia

Accesorios de Zona®:
ninguno

Disfruta la Biblia

Reparta el **Reproducible 3A**. Lea la historia "Fuera de Egipto" con sus estudiantes.

Materiales:
Reproducible 3A

Accesorios de Zona®:
ninguno

Discute la Biblia

Use la técnica de "Nudo pero uno habla" para guiar la discusión.

Haga las siguientes preguntas a sus estudiantes:
El libro que se encontró en esta historia es una parte de lo que hoy conocemos como la Biblia. ¿Qué fue lo primero que aprendiste acerca de la Biblia, y cuándo lo aprendiste?
Cuando eras pequeño, ¿qué de la Biblia o acerca de ella te causó alguna confusión –algo que ahora entiendes?
¿Cómo has aprendido lo que sabes de la Biblia?
Si tus memorias fueran desapareciendo progresivamente y los médicos pudieran salvar para ti sólo algunas memorias, ¿qué memorias de la Biblia te gustaría que salvaran?
Una persona experta o estudiosa de la Biblia se muda a la casa junto a la tuya –alguien que también entiende y se identifica con personas de tu edad. ¿Qué te gustaría que te enseñara?

Materiales:
ninguno

Accesorios de Zona®:
mochilas de colores
pelota graciosa

PRIMARIOS MAYORES: LECCIÓN 3

Historia de la Zona Bíblica

Salida de Egipto

Por Delia Halverson

Josué sostenía a su abuela según bajaban los escalones del Templo y se unían a la multitud de adoradores.

"De todas las Pascuas, ésta ha sido la mejor" dijo Josué. "Me alegra que podamos venir todos los años a celebrarla".

"No siempre ha sido así, Josué", dijo su abuela. "Cuando era niña nunca celebrábamos la Pascua. Nunca nadie nos contó como Dios había liberado a nuestro pueblo de la esclavitud en Egipto".

"¿Por qué, abuela?" preguntó la hermana de Josué, Rut, que caminaba del otro lado de su abuela.

"Por muchos años nuestros reyes no siguieron las leyes que Dios nos dio", dijo la abuela. "De hecho, había altares alrededor del país donde se adoraba a dioses paganos. Hicieron ídolos de madera y metal y los adoraban".

"¡Eso está muy mal!" dijo Rut. "Aun las niñas como yo lo sabemos, la ley de Dios dice 'No adorarás ídolos'".

"Así es, Rut, así es", dijo la abuela. "Pero la Ley había sido olvidada".

"Todavía recuerdo, hace muchos años atrás, cuando Josías era rey y el Templo se estaba reparando", dijo la abuela. "Josías se convirtió en rey siendo un jovencito. Era de tu edad, Rut –ocho años. Pero Josías adquirió sabiduría, gobernó bien y obedeció a Dios en todas las formas que conocía. Un día, cuando Josías tenía veintiséis años de edad, se estaban haciendo reparaciones en el Templo. El sumo sacerdote, Hilcías, encontró un libro de la ley que se había perdido –leyes de Dios que rompemos todo el tiempo. El pobre Josías estaba fuera de sí cuando escuchó lo que decía el libro".

"¿Y qué hizo?" preguntó Josué.

"El rey Josías estaba tan perturbado cuando se dio cuenta lo desobediente que el pueblo había sido que rasgó sus vestidos, que como sabes es símbolo de gran angustia", dijo la abuela. "Él llamó a los oficiales y los envió a la casa de la profetisa Hulda, para averiguar qué tenían que hacer. Ella les advirtió que todos teníamos que cambiar".

"¿Destruyeron los altares paganos?" preguntó Josué.

"Oh, sí", dijo la abuela. Los altares fueron destruidos, junto con todos los ídolos. La gente realmente cambió y comenzó a adorar a Dios nuevamente".

"Y comenzaron a celebrar la Pascua otra vez, ¿no es así?" preguntó Rut.

"Y desde entonces lo seguimos haciendo", dijo la abuela. "Aunque no lo sabíamos entonces, Dios había estado con nosotros todo el tiempo, esperando que volviéramos a obedecer la Ley y a adorar al único y verdadero Dios".

¿Qué dice la Biblia?

La Biblia no se escribió en español; tuvo que ser traducida. Lee las traducciones y paráfrasis del Salmo 119:34 abajo y luego reescribe el versículo con tus propias palabras. Algunas veces un versículo de la Biblia significa más para nosotros cuando lo leemos y luego lo ponemos en nuestras propias palabras.

Ayúdame a entender tu ley; ¡prometo obedecerla de todo corazón!

[Explícame tu ley, y la obedeceré; la guardaré con todo mi corazón.
(Traducción Buenas Nuevas)

Dame entendimiento, guardaré tu Ley y la guardaré de todo corazón.

Permíteme conocer tus reglas y estatutos y los seguiré toda mi vida.
(paráfrasis)

Quiero saber lo que quieres que yo haga, oh Dios, y entonces podré obedecerte con todo mi ser.
(paráfrasis)

_____

_____

_____

_____

(Salmo 119:34)

Parafraseado por _____

Leyes escondidas

Nosotros tenemos leyes o reglas a seguir, de manera que podamos vivir en armonía unos con otros. Encuentra los objetos en este dibujo que nos dan claves de ciertas leyes bajo las cuales vivimos. Escríbelas en el espacio provisto en la parte inferior de la página.

_____

_____

_____

Reproducible 3C

Permiso de fotocopiado otorgado para uso de la iglesia local. © 2007 Abingdon Press.

Zona Bíblica

Escoja una o más actividades para sumergir a sus estudiantes en la historia bíblica.

Hockey de ley bíblica

Fotocopie el **Reproducible 3D**. Recorte una copia formando tarjetas. Las copias de sus estudiantes serán usadas para hacer un cuadernillo (ver abajo). Divida las tarjetas por la mitad. Coloque cada paquete en una de las dos **mochilas**. Ponga cada una a los extremos del aula. (Tendrá nueve tarjetas en cada mochila).

Coloque una cubeta, bote grande o caja al lado de cada mochila para que sirvan como porterías.

Diga: en este juego van a leer ciertas leyes de la Biblia. Gran parte de la Biblia fue escrita en hebreo, y en ese idioma, la palabra *torah* **o "ley" en efecto significa instrucción o "enseñar". La ley era una guía para mejorar la vida de la comunidad. Algunas de esas instrucciones están en forma de sugerencias y otras veces como órdenes. En este juego oirán algunas de estas leyes de manera divertida.**

Cada equipo tendrá dos **palos de hockey**. Las personas con los palos de hockey son las únicas que pueden pegarle a la **pelota brillante**. Los demás pueden bloquear la pelota con los pies, o pararse y dejar que rebote en sus pies en otra dirección, pero no pueden patear la pelota.

Cuando el equipo meta un gol, tomarán una tarjeta de la bolsa junto a su portería y la leerán a la clase. Las personas con los palos de hockey los pasarán a otros jugadores, asegurándose que todos tengan un turno con los palos y así continúa el juego. El equipo que lea todas sus tarjetas primero se declara el ganador del juego.

Entregue a los miembros del equipo ganador las **medallas con cordones** para que las usen por el resto de la sesión.

Materiales:
Reproducible 3D
tijeras
dos cubetas
botes grandes o cajas

Accesorios de Zona®:
palos de hockey inflables
pelota brillante
medallas con cordones
mochilas coloridas

Cuadernillo de leyes bíblicas

Reparta el **Reproducible 3D**, papel de construcción de varios colores y papel blanco, tijeras, pegamento, hilo y agujas.

Lean juntos las instrucciones del reproducible y contesten las preguntas.

Materiales:
Reproducible 3D
papel de construcción de varios colores
papel blanco
tineras
pegamento
hilo y agujas

Accesorios de Zona®:
ninguno

PRIMARIOS MAYORES: LECCIÓN 3

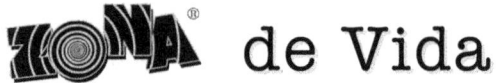 de Vida

Escoja una o más actividades para que la Biblia cobre significado en la vida.

Materiales:
Reproducibles 1E y 3E
tocadiscos de discos compactos
mesa de celebración

Accesorios de Zona®:
pelota graciosa
mochila de colores
disco compacto

Alabanza y oración

Invite a la clase a venir a la mesa de celebración para alabanza y oración, usando el cántico "Marchamos a Sión" (**Reproducible 1E; disco compacto, cántico 2**). Encienda la vela e invite a sus estudiantes a considerar el color apropiado de la estación y las diferentes traducciones de la Biblia en la mesa.

Use la técnica de "Nudo pero uno habla" para dirigir la discusión de las siguientes preguntas:
¿Por qué creen que tenemos diferentes Biblias en nuestra mesa de celebración?
¿Cómo aprendemos acerca de la Biblia en nuestro servicio de adoración?
¿Cómo aprendemos acerca de la Biblia en otros momentos en la iglesia?

Reparta el **Reproducible 3E** y cante "Aplaudir, pueblos todos" (**cántico 5 del disco compacto**) varias veces, aplaudiendo al ritmo de la música. Si quiere pueden usar los instrumentos musicales que hicieron en la sesión 2.

Pida al estudiante que se preparó para la oración, que la lea ahora: "Nuestro Señor, te debemos adorar en todo tiempo. La Biblia nos habla de las veces que los hebreos te adoraban. Nosotros te adoraremos siempre que podamos. Amen".

Canten juntos "Shalom javerim" (**Reproducible 1E, disco compacto, cántico 3**) para despedirse.

Haga una copia de Zona Casera® para cada estudiante en su clase.

ZONA BÍBLICA

Casera para estudiantes

GALLETAS CON TODO MI CORAZÓN

Necesitarás: 1 huevo grande, separado; 2 cucharadas de jugo de naranja; 1 cucharadita de vainilla; 3 tazas de harina; 1 taza de azúcar; 1 taza de mantequilla, suavizada; y harina extra.

Bate la yema de huevo, jugo de naranja y vainilla en un tazón pequeño. En un tazón grande bate el azúcar y la mantequilla y después añade la harina. Añade la mezcla de huevo e incorpora todo.

Amasa la masa hasta que se forme una bola. Envuelve la masa en papel encerado y ponla en el refrigerador hasta que se enfríe, por una hora aproximadamente.

Calienta el horno a 350 grados. Extiende la harina extra en una superficie lisa y aplana la masa con un rodillo hasta que este fina. Usa un corta galletas en forma de corazón o córtalas como un corazón. Coloca los corazones en una charola antiadherente o forrada de papel para hornear. Hornea por 10 minutos hasta que las galletas estén ligeramente doradas de las orillas. Vigílalas o quedarán muy quemadas.

Zona para pensar

¿Qué significa la Biblia para mí?

¿Cómo puedo aprender más de la Biblia?

Marcadores con versículos bíblicos

Puedes usar papel para tarjetas, tarjetas bibliográficas o la parte trasera de tarjetas de felicitación para hacer marcadores de libros con versículo bíblico.

Recorta el papel en franjas de más o menos dos pulgadas de ancho. En la parte inferior escribe la referencia de un versículo bíblico favorito. En la parte superior arriba, haz un dibujo que ilustre el versículo. Coloca el marcador en tu Biblia en el lugar apropiado y el dibujo te recordará el versículo marcado.

Puedes hacer una colección de éstos para una hermana, hermano o amigo.

Versículo para memorizar

Dame entendimiento para guardar tu enseñanza; ¡quiero obedecerla de todo corazón!
Salmo 119:34

La iglesia nos ayuda a aprender historias de la Biblia.

PRIMARIOS MAYORES: LECCIÓN 3

Reglas bíblicas a seguir

Gran parte de la Biblia fue escrita en hebreo, y en ese idioma la palabra torah, o "ley" significa instrucción o "enseñar". La ley no era algo negativo, sino un modelo de vida para mejorar la vida en comunidad. Algunas veces la ley tomaba forma de sugerencias y otras veces eran dictados. Estas son algunas de las sugerencias y dictados (órdenes) que se encuentran en la Biblia.

Recorta papel de construcción de varios colores y papel blanco en cuartos. Haz una portada con el papel de construcción y páginas con el papel blanco. Decora la portada. Pon las páginas juntas, dóblalas a la mitad y cóselas por en medio. Corta las leyes por las líneas y pega una en cada página. Decora las páginas. Guarda el cuadernillo en tu Biblia o cerca de tu cama para que lo leas a menudo.

No tengas otros dioses aparte de mí. (Deuteronomio 5:7)	No cometas adulterio. (Deuteronomio 5:18)	Amen a sus enemigos, y oren por quienes los persiguen. (Mateo 5:44)
No te inclines delante de ídolos ni les rindas culto. (Deuteronomio 5:9)	No robes. (Deuteronomio 5:19)	No se preocupen por el día de mañana, porque mañana habrá tiempo para preocuparse. Cada día tiene bastante con sus propios problemas. (Mateo 6:34)
No hagas mal uso del nombre del Señor tu Dios. (Deuteronomio 5:11)	No digas mentiras en perjuicio de tu prójimo. (Deuteronomio 5:20)	No practiquen su religión delante de la gente sólo para que los demás los vean. (Mateo 6:1a)
Ten en cuenta el día de reposo para consagrarlo al Señor. (Deuteronomio 5:12)	Les doy este mandamiento nuevo: Que se amen los unos a los otros. Así como yo los amo a ustedes, así deben amarse ustedes los unos a los otros. (Juan 13:34)	No resistas al que te haga algún mal. (Mateo 5:39)
Honra a tu padre y a tu madre. (Deuteronomio 5:16a)	Ama al señor tu Dios con todo tu corazón, con toda tu alma y con toda tu mente. (Mateo 22:37)	Un país dividido en bandos enemigos, no puede mantenerse; y una familia dividida, no puede mantenerse. (Marcos 3:24-25)
No mates. (Deuteronomio 5:17)	Ama a tu prójimo como a tí mismo. (Mateo 22:39b)	El más grande entre ustedes debe servir a los demás. (Mateo 23:11)

Cántico de

Aplaudir, pueblos todos

Aplaudir, pueblos todos.
Aclamen a Dios con voz de triunfo.
Aplaudir, pueblos todos.
Aclamen a Dios con voz de amor.

¡Hosanna! ¡Hosanna!
Aclamen a Dios con voz de triunfo.
¡Alaben! ¡Alaben!
Aclamen a Dios con voz de amor.

¡Alaben! ¡Alaben!
Aclamen a Dios con voz de amor.

LETRA: Salmo 47:1, adaptado; trad. por Diana Beach.
MÚSICA: Jim Owens; arr. por David Peacock.
© 1972 Bud John Songs; trad. © 2007 Bud John Songs (admin. por The Sparrow Company). Todos los derechos reservados. Usado con permiso.

Zorobabel

Entra a la

Versículo bíblico
Porque el Señor es bueno; su amor es eterno y su fidelidad no tiene fin.

Salmo 100:5

Historia bíblica
Esdras 3:1–4:4; 5:1–6:22

Los conflictos bélicos y la corrupción interna llevó a la destrucción de Jerusalén y del Templo que Josías había reparado. La historia de hoy comienza con la declaración de Ciro, el nuevo rey de Persia, permitiendo que los judíos regresaran a Jerusalén del exilio, y los animaba a reconstruir el Templo.

En el exilio, los judíos aprendieron que su relación con Dios y entre ellos mismos no dependía de un templo o de una estructura para la adoración. Durante este periodo, Dios los sostuvo tanto a ellos como a su fe, y a su regreso se prepararon para reconstruir el Templo en su honor. Zorobabel tuvo un papel decisivo al unir a la gente para reconstruir el Templo con el propósito de reestablecer las tradiciones de adoración de los judíos.

Los pueblos vecinos se opusieron a la reconstrucción del Templo, pero el pueblo de Dios se mantuvo firme y demandó que la orden original de Ciro se obedeciera y que se continuara con la reconstrucción. Ciro había reclamado la autoridad sobre todas las naciones de la tierra, así que se entendía que quisiera aliarse con el Dios de Israel, al que reconocía como el Señor Dios del cielo. Su respeto por el Dios de Israel reflejaba a su vez su respeto por el pueblo de Dios.

Es probable que la ceremonia de los cimientos, que se narra en Esdras 3:10, aluda al uso de una piedra del cimiento del Templo anterior al comenzar a construir el nuevo, esto como símbolo de continuidad de la religión, en una estructura nueva. También los músicos siguieron las instrucciones dadas por David, y los sacrificios siguieron las indicaciones dadas por Moisés. El seguir estas tradiciones establecía continuidad con el pasado y actuaba como otro elemento de unidad entre la gente.

Los niños de cuarto, quinto y sexto grados pueden reconocer la comunidad de fe como la iglesia, y no el edificio en sí mismo. Al señalar esto usted llevará la fe de estos niños a un conocimiento más profundo del propósito del pueblo de Dios.

La iglesia es más que un edificio; es la gente.

Vistazo a la

ZONA	TIEMPO	MATERIALES	ACCESORIOS DE ZONA®
Acércate a la Zona			
Entra a la Zona	10 minutos	tocadiscos de discos compactos, página 174, directorio de la iglesia (o registro de membresía), mesa de celebración	disco compacto
Llena los espacios	5 minutos	Reproducible 4C, Biblias, lápices	ninguno
ZONA Bíblica®			
Disfruta la historia	5 minutos	Reproducibles 4A–B	pelota graciosa, mochila de colores
Círculo de unidad	5 minutos	ninguno	pelotas de playa pelota graciosa mochila de colores,
Salta y brinca	5 minutos	Transparencia 2, proyector de transparencias, tocadiscos de discos compactos, Reproducible 4E	disco compacto
Banderines de celebración	10 minutos	Reproducible 4D, corte de tela gruesa de 12 por 24 pulg.; colores variados de fieltro o tela, tijeras, pegamento para tela, batutas de madera de 12 pulg.; hilo y aguja; encaje, botones, listones y otras decoraciones	ninguno
Zona de Vida			
Alabanza y oración	10 minutos	Reproducible1E, Transparencia 2, tocadiscos de discos compactos, mesa de celebración	pelota graciosa, mochila de colores, disco compacto

Los Accesorios de Zona® se encuentran en el Paquete de **DIVERinspiración®**.

PRIMARIOS MAYORES: LECCIÓN 4

Acércate a la Zona

Escoja una o más actividades para capturar el interés de sus estudiantes.

Materiales:
tocadiscos de discos compactos
página 174
mesa de celebración
directorio de la iglesia
(o pida prestado el registro de mebresía de la iglesia)

Accesorios de Zona®:
disco compacto

Entra a la Zona

Tenga "Cantaré" (**cántico15 del disco compacto**) tocando según sus estudiantes llegan al aula. Salúdeles con una sonrisa.

Diga: ¡Bienvenidos a la Zona Bíblica! Estoy feliz de que estén aquí. ¡Éste es un lugar divertido donde llegaremos a conocer la Biblia!

Si sus estudiantes no se conocen, déles las etiquetas para que escriban sus nombres (página 174). La letra de "Cantaré" es muy sencilla, así que invíteles a cantar el cántico con usted.

Pida a alguno o a alguna estudiante que haya llegado temprano que le ayude a preparar la mesa de celebración con la tela verde, la vela y la Biblia. Junto a la vela coloque el directorio de la iglesia o el registro de membresía.

Pida a un o una estudiante que se prepare para leer la oración final en su tiempo de alabanza y oración (ver la página 54).

Materiales:
Reproducible 4C
Biblias
lápices

Accesorios de Zona®:
ninguno

Llena los espacios

Reparta el **Reproducible 4C**, Biblias y lápices.

Asegúrese de que sus estudiantes entienden las instrucciones. Pídales que completen el reproducible para descifrar el versículo de hoy.

Escoja una o más actividades para sumergir a sus estudiantes en la historia bíblica.

Disfruta la historia

Reparta el **Reproducible 4A-4B**. Primero lea la trayectoria del Templo en su totalidad y después use la técnica de "Nudo pero uno habla" para repasarla.

Haga las siguientes preguntas a sus estudiantes:
¿Cuándo comenzó el sueño de construir un nuevo Templo y quién tuvo el sueño primero? (*Ezequiel, en 573 a.C.*)
¿Qué permitió el regreso del pueblo? (*Ciro promulgó un edicto*).
¿Quiénes fueron los líderes judíos que ayudaron al pueblo a regresar? (*Zorobabel y Josué*)
¿Cómo adoraba la gente antes de reconstruir el Templo? (*Construían altares*).
¿Cuándo tuvo el pueblo su primera gran celebración? (*520 a.C.*)

Materiales:
Reproducibles 4A-B

Accesorios de Zona®:
pelota graciosa
mochila de colores

Círculo de unidad

Para este juego todos se pararán en un círculo. Necesitarán un número impar de personas. Si el número de estudiantes es par, entre al círculo y conviértase en uno de los jugadores. Si el número es impar sin usted, quédese fuera del círculo y dirija el juego desde ahí.

Usando una **pelota de playa**, pida a la primera persona que pase la pelota enfrente de la persona que está a su izquierda y se la dé a la segunda persona. Después esa persona la pasará por detrás de la persona a su izquierda a la segunda persona. La pelota continuará siendo pasada ya sea por enfrente o por detrás a la segunda persona en la izquierda. Una vez que haya sido pasada alrededor del círculo, ponga la pelota en el piso y pida a sus estudiantes que se tomen de las manos de la misma manera, agarrando la mano de la segunda persona ya sea enfrente o detrás de ellos.

Demuestre el círculo de unidad "pasando un apretón". La persona que empieza dirá "Tú eres la iglesia" mientras aprieta suavemente la mano en su mano izquierda. La persona responderá diciendo "Nosotros somos la iglesia" y apretará la mano en su mano izquierda. Alternando "Tú eres la iglesia" y "Nosotros somos la iglesia" hasta que el apretón haya pasado por todo el círculo.

Cuando se termine el juego, use la técnica de "Nudo pero uno habla" para discutir lo siguiente:
Cuando hablamos de la iglesia, no nos referimos sólo a los edificios. La iglesia es más que un edificio; es la gente, trabajando junta y ocupándose de todo el pueblo de Dios. ¿Cómo explica esto el juego que acabamos de jugar?

Materiales:
ninguno

Accesorios de Zona®:
pelotas de playa
mochilas de colores
pelota graciosa

PRIMARIOS MAYORES: LECCIÓN 4

Historia de la Zona Bíblica

Trayectoria del Templo

	597 AC	Jerusalén es atacada, la nobleza judía y los artesanos expertos son llevados a Babilonia.
El templo que Salomón construyó es destruido y más judíos son deportados.	**586 AC**	
	582 AC	Se llevan a más judíos.
El profeta Ezequíel tiene una visión de restaurar el Templo.	**573 AC**	
	539 AC	Babilonia es dominada por Ciro, rey de Persia.
Ciro promulga un edicto que permite que los judíos regresen a Jerusalén y reconstruyan el Templo. Se les devuelve los utensilios que Babilonia había tomado del Templo.	**538 AC**	Pequeños grupos de judíos regresan con los tesoros del Templo, pero se encuentran con la oposición de la gente viviendo en el área y les impiden que comiencen la reconstrucción.

Zorobabel y Josué, el sumo sacerdote, dirigen el regreso de un grupo grande de exiliados.	**522 AC**	Los samaritanos, que vivían en el país durante el exilio, se oponen a la construcción.
	521 AC	Los profetas exhortan a que se reconstruyera el Templo.
Bajo el liderato de Zorobabel y de algunos sacerdotes, la gente construye el altar y comienza a adorar a Dios aun antes de comenzar la reconstrucción del Templo.		
	520 AC	La gente se une y comienzan a levantar los cimientos. Ofrecen grano, vino y aceite de olivo para pagar por árboles de cedros del Líbano. Todos estaban muy felices cuando se completaron los cimientos. Los sacerdotes se pusieron sus túnicas y tocaron las trompetas en honor al Señor. La algarabía de la celebración podía escucharse desde muy lejos.
Hay más oposición que detiene repetidamente la construcción; pero cuando se le envía un mensaje al rey Darío, sucesor de Ciro, recordándole que el rey Ciro había dado la orden de que el Templo se reconstruyera, el trabajo continúa y el gobierno Persa ayuda con los gastos.	**519–517 AC**	
	516 AC	¡Se completa el Templo y hay una gran celebración! Se celebra nuevamente la Pascua en el Templo.

Salmo 100

Escribe la primera letra en el espacio sobre cada dibujo. Cuando todos los espacios estén llenos tendrás escrito el versículo bíblico de hoy. Lee el Salmo 100:5 para verificar tu respuesta.

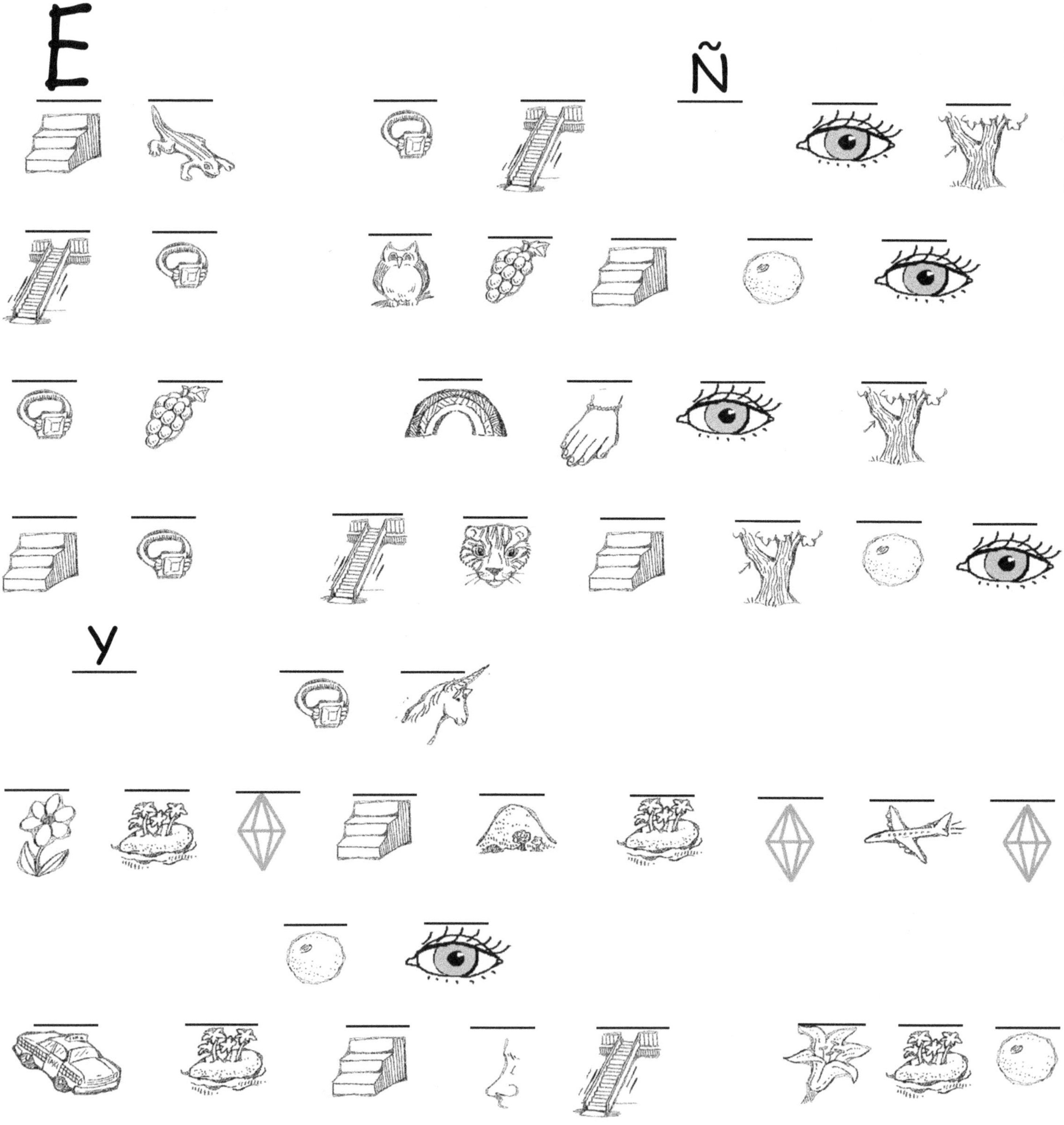

Escoja una o más actividades para sumergir a sus estudiantes en la historia bíblica.

Salta y brinca

Proyecte el cántico "Saltar de gozo en él" (**Transparencia 2; disco compacto, cántico 6**) en la pared e instruya a sus estudiantes a que copien los movimientos indicados en cada estrofa del cántico.

Active la música del disco compacto y escuchen un poco para practicar el ritmo antes de cantar toda el cántico. Anímelos a usar movimientos adicionales siguiendo el ritmo.

Luego de cantar una o dos veces, déle a sus estudiantes copias del **Reproducible 4E** para llevarse a casa.

Materiales:
proyector de transparencias
tocadiscos de discos compactos
Reproducible 4E

Accesorios de Zona®:
disco compacto

Banderines de celebración

Considere una ocasión especial en el calendario de actividades de su iglesia y hagan banderines para celebrar la ocasión. Puede ser la celebración de la Santa Cena, Acción de Gracias, un bautismo. (También pueden trabajar en un banderín grande para toda la clase y exhibirlo para que toda la iglesia lo disfrute).

Usando los patrones del **Reproducible 4D**, sus estudiantes pueden hacer banderines que pueden llevarse a casa para recordarles el gozo que Jesús trae a nuestras vidas en dichas ocasiones. Ellos seleccionarán la tela para el banderín. Después recortarán las letras en la palabra *GOZO* y algunas trompetas dibujadas en otra tela y las pegarán al banderín.

Pueden usar tela, encaje, botones y otras decoraciones para completar el banderín como ellos quieran. Recuérdeles que dejen espacio en la parte superior para hacer un doblez por el que puedan pasar una vara de madera. Este doblez se coserá cuando el diseño esté terminado. Después la vara se pasará por el dobladillo y un cordón o listón se sujetará a ambos extremos para colgarse.

Materiales:
Reproducible 4D
recorte de tela gruesa de 12 por 24 pulgadas de colores variados de fieltro o tela
tijeras
pegamento para tela
batutas de madera de 12 pulgadas
cordón o listón
hilo y aguja
encaje, botones, listones y otras decoraciones

Accesorios de Zona®:
ninguno

PRIMARIOS MAYORES: LECCIÓN 4

 de Vida

Escoja una o más actividades para que la Biblia cobre significado en la vida.

Materiales:
tocadiscos de discos compactos
mesa de celebración
Reproducible 1E
Transparencia 2

Accesorios de Zona®:
pelota graciosa
mochila de colores
disco compacto

Alabanza y oración

Invite a la clase a la mesa de celebración para alabanza y oración, usando el cántico "Marchamos a Sión" (**Reproducible 1E; disco compacto, cántico 2**). Encienda la vela e invíteles a considerar el color apropiado de la estación y el directorio o registro de membresía de la iglesia que se encuentra sobre la mesa.

Use la técnica de "Nudo pero uno habla" para dirigir la discusión y haga las siguientes preguntas:
¿Por qué suponen que tenemos un directorio de la iglesia en nuestra mesa de celebración?
¿Vendrían al edificio que llamamos iglesia si no hubiera nadie aquí? ¿Por qué sí o por qué no?
¿Qué es la iglesia, el edificio o la gente que adora aquí?
La gente en la historia de hoy, trabajó junta construyendo el Templo. ¿Para qué misión o proyecto trabaja la gente de nuestra iglesia en conjunto?

Si el tiempo lo permite, canten "Saltar de gozo en él" (**Transparencia 2; disco compacto, cántico 6**) otra vez.

Pida al alumno o la alumna que se preparó, que lea la siguiente oración. Pida a la clase que respondan a los enunciados en esta oración con "Te damos gracias, Señor".

Este ha sido un día especial.
Te damos gracias, Señor.
Cantamos, jugamos y aprendimos de la Biblia.
Te damos gracias, Señor.
Aprendimos que hace mucho tiempo ayudaste a tu pueblo a reconstruir el Templo.
Te damos gracias, Señor.
Aprendimos que ellos trabajaron juntos, así como nuestra iglesia en conjunto.
Te damos gracias, Señor.
Disfrutamos estar juntos hoy como parte de nuestra iglesia.
Te damos gracias, Señor.
Amén.

Para despedirse canten juntos "Shalom" (**Reproducible 1E; disco compacto, cántico 3**).

Haga un copia de Zona Casera® para cada estudiante.

Casera para estudiantes

PORTALÁPIZ

Piensa en alguien especial en tu iglesia a quien podrías regalarle algo para mostrarle cuánto le aprecias. Puede ser un pastor o pastora, un maestro o una maestra, o alguien que planea ciertas actividades. Haz un portalápiz con fotografías de los edificios y la gente de la iglesia.

Necesitarás: un recipiente de cartón grueso como un envase de jugo congelado (4 pulgadas de alto y 3 pulgadas de diámetro es ideal), revistas, pegamento y una lata de sellador en aerosol o plástico adhesivo transparente (mica).

1. Lava el envase por adentro y por fuera y asegúrate de que esté seco. Quizá debas hacer esto un día antes para dejar que se seque bien.
2. Busca en revistas fotos de iglesias y de personas.
3. Pega las fotos de tal manera que cubras toda la superficie del envase, y puedes sobreponer las fotos una sobre la otra.
4. Deja que se seque. Puedes ponerle una capa de sellador o cubrirla con plástico adhesivo [mica] para darle un acabado más duradero.

Zona para pensar

¿Qué personas en tu iglesia te han ayudado a aprender más acerca de Dios? ¿Qué has aprendido de ellas?

Ensalada de fruta de la amistad

Invita a algunas amistades a preparar una ensalada de frutas. Pide a cada persona que traiga una fruta tales como: manzana, plátano, naranja o uvas. Alguien puede traer nueces picadas. Pide la ayuda de una persona adulta y trabajen juntos cortando la fruta y mezclando el aderezo que irá sobre la fruta.

Aderezo:
En una licuadora o frasco grande con tapa hermética coloca:
⅔ de taza de azúcar
1 cucharadita de mostaza seca
1 cucharadita de páprika
1 cucharadita de sal de apio
½ cucharadita de sal

Agrega:
⅓ taza de miel
⅓ taza de vinagre
1 cucharada de jugo de limón

Licúa o agita bien. Agrega lentamente 1 taza de aceite para ensalada, si usas la licuadora. Si usas el frasco, agita suavemente. Incorpora 1 cucharada de semillas de apio.

Versículo para memorizar

Porque el Señor es bueno; su amor es eterno y su fidelidad no tiene fin.

Salmo 100:5

La iglesia es más que un edificio; es la gente.

GOZO

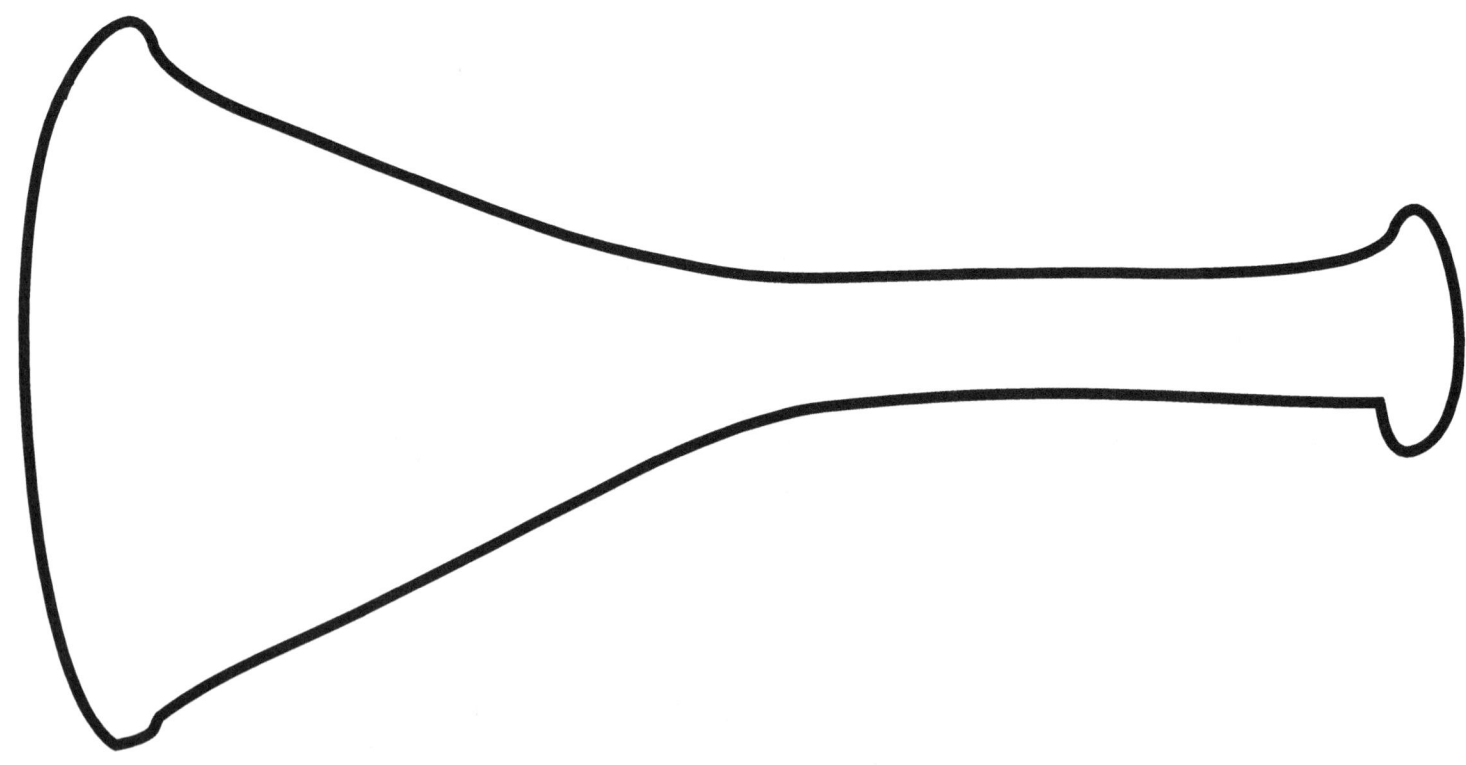

Cántico de

Saltar

¡Saltar de gozo en él!
¡Saltar de gozo en él!
¡Saltar de gozo en él!
¡Saltar de gozo en él!

Coro:
¡Saltar de gozo en él!
Que todo el mundo aclame a Dios.
¡Saltar altísimo!
Que todos al cielo podamos llegar.

¡Saltar! ¡Saltar! ¡Saltar!

Yo siento que el Espíritu
su alegría me da.
Me hace saltar y gritar
de gozo en él clamar.

Lo siento en mis manos
y hasta en mi nariz,
de mi cabeza hasta mis pies
el Espíritu en mí.

Coro.

Yo siento que el Espíritu
su alegría me da.
Me dan ganas de aplaudir
de gozo en él clamar.

Lo siento en mis manos
y hasta en mi nariz,
de mi cabeza hasta mis pies
el Espíritu en mí.

Coro.

Yo siento que el Espíritu
su alegría me da.
Me hace con mis pies danzar
de gozo en él clamar.

Lo siento en mis manos
y hasta en mi nariz,
de mi cabeza hasta mis pies
el Espíritu en mí.

¡Saltar! ¡Saltar! ¡Saltar!

¡Sal-tar!
¡Sal-tar!
¡Sal-tar!

LETRA: Pam Andrews; trad. por Diana Beach.
MÚSICA: Pam Andrews; arr. por John DeVries.
© 2002 Pilot Point Music; trad. © 2007 Pilot Point Music (ASCAP). Todos los derechos reservados.
Admin. por The Copyright Co., Nashville, TN 37212.

PRIMARIOS MAYORES: LECCIÓN 4   **Reproducible 4E**

Permiso de fotocopiado otorgado para uso de la iglesia local. © 2007 Abingdon Press.

Salmo 100

Entra a la ZONA

Versículo bíblico
Con alegría adoren al Señor; ¡con gritos de alegría vengan a su presencia!

Salmo 100:2

Historia bíblica
Salmo 100

En el libro de los Salmos toman forma poética, las oraciones, los himnos, las expresiones de alabanza, las lamentaciones, los llamados a la adoración, los relatos históricos y aun las meditaciones sapienciales. El Salmo 100, es un salmo de alabanza, seguramente se usaba como llamado a la adoración, y ha sido uno de los favoritos por mucho tiempo. En él, se describe a Dios como nuestro Creador y nuestro Pastor.

Algunos datos acerca de los pastores ayudarán a sus estudiantes de cuarto, quinto y sexto grado a comprender mejor las imágenes que vienen a la mente cuando el salmista habla de Dios como Pastor. Los pastores en Palestina, tanto en tiempos bíblicos como hoy día, caminan delante de las ovejas, guiándolas. Las ovejas conocen a su pastor y lo siguen sin importar a donde las dirija. Por lo tanto, las ovejas confían en el pastor y ponen sus vidas en sus manos.

Estas palabras expresan mucho más de lo que podemos ver a simple vista porque los términos hebreos son más amplios que sus equivalentes en español. La palabra *bueno* es un término general en hebreo, que incluye casi todas las palabras que nosotros usamos para elogiar. Mire los sinónimos de *bueno* y encontrará palabras como *alta calidad, superior, excelente, fino, primera clase, honrado, virtuoso, noble, merecedor, decente, disfrutable, amoroso, beneficial, servicial, seguro, confiable* –y la lista sigue. La palabra hebrea expresa todo esto. ¡Qué manera de describir a Dios!

El salmo concluye declarando que el amor y la fidelidad de Dios perduran, o permanecen, para siempre. La palabra hebrea indica la relación sólida entre dos personas o pareja. A menudo vemos a Dios como "eterno", pero imaginamos esto pasando a distancia –quizá lejos en espacio y tiempo. Esta relación sólida entre Dios y el ser humano es lo que hace la diferencia y nos permite enfocarnos. Cuando hablamos de la firmeza de Dios a través de las generaciones, lo eterno es aun más definido.

A través de los cinco versos de este salmo se puede percibir el gozo de la adoración. La adoración expresa gozo, aun en tiempos difíciles, con la certidumbre y total comprensión de que Dios busca una relación personal con cada uno de nosotros.

Podemos adorar a Dios con gozo.

Vistazo a la

ZONA	TIEMPO	MATERIALES	ACCESORIOS DE ZONA®
Acércate a la Zona			
Entra a la Zona	10 minutos	tocadiscos de discos compactos, página 174, mesa de celebración globo terráqueo o mapamundi	disco compacto
Sabiduría mundial	5 minutos	Libros y revistas con fotos e historias de trabajo misionero	ninguno
ZONA Bíblica®			
Expertos en Salmos	5 minutos	Biblias	ninguno
Disfruta la historia	5 minutos	Reproducible 5A	ninguno
Canta al Señor	5 minutos	Reproducible 5D, tocadiscos de discos compactos	disco compacto
Haz una copa de alabanza	10 minutos	Botellas de refresco de 2 litros, ligas, marcadores permanentes, navajas, pistolas para fundir pegamento y cartuchos de pegamento para fundir	ninguno
Comunión mundial	5 minutos	ninguno	pelota graciosa mochila de colores
Zona de Vida			
Revo-adoración	5 minutos	Reproducibles 5B–5C, tijeras, cinita adhesiva	mochilas de colores
Alabanza y oración	10 minutos	Reproducible 1E y 5E, tocadiscos de discos compactos, mesa de celebración (opcional: instrumentos musicales de la lección 2)	pelota graciosa mochila de colores disco compacto

Los Accesorios de Zona® se encuentran en el Paquete de **DIVERinspiración®**.

Acércate a la ZONA

Escoja una o más actividades para capturar el interés de sus estudiantes.

Materiales:
tocadiscos de discos compactos
página 174
mesa de celebración
globo terráqueo o mapamundi

Accesorios de Zona®:
disco compacto

Entra a la Zona

Tenga "Cantaré" (**cántico 15 del disco compacto**) tocando mientras sus estudiantes entran al aula. Salúdeles con una sonrisa.

Diga: ¡Bienvenidos y bienvenidas a la Zona Bíblica! Estoy feliz de que estén aquí. ¡Éste es un lugar divertido donde llegaremos a conocer la Biblia!

Si sus estudiantes no se conocen, déles las etiquetas para que escriban sus nombres (página 174). La letra de "Cantaré" es muy sencilla, así que invite a sus estudiantes a cantar el cántico con usted.

Pida a un o a una estudiante, de los que llegaron temprano, que le ayude a preparar la mesa de celebración con la tela verde, la vela y la Biblia. Junto a la vela coloque el globo terráqueo o mapamundi.

Pida a un o a una estudiante que se prepare para leer la oración final en su tiempo de alabanza y oración (ver la página 66).

Materiales:
libros y revistas con fotos e historias de trabajo misionero

Accesorios de Zona®:
ninguno

Sabiduría mundial

Busque, con anticipación, libros y revistas que tengan fotos e historias de trabajo misionero en otras partes del mundo. Los grupos de mujeres en muchas iglesias tienen dichos recursos, o investigue con su comité de misiones.

Si su iglesia ha mandado grupos misioneros a otros países, incluya sus retratos. Expóngalos en la mesa del salón de clases.

Mientras llegan sus estudiantes, invíteles a revisar las revistas y recursos provistos. Pídales que seleccionen fotos o una historia que les gustaría compartir con el grupo más tarde.

 Bíblica

Escoja una o más actividades para sumergir a sus estudiantes en la historia bíblica.

Expertos en salmos

Reparta las Biblias y pida a sus estudiantes que las abran por el centro y que busquen el libro de los Salmos. Pídale a alguien que lea la información al principio del libro de los Salmos que explica acerca del libro. Si no tiene mucho tiempo, lea con anticipación la información y resúmala usted mismo.

Pida a sus estudiantes que busquen el salmo más corto (Salmo 117 con dos versos) y el más largo (Salmo 119 con 176 versos).

Materiales:
Biblias

Accesorios de Zona®:
ninguno

Disfruta la historia

Diga: A menudo, en la adoración hebrea, la gente cantaba los salmos. Nosotros vamos a leer algunas paráfrasis y la versión Dios Habla Hoy del Salmo 100 antifonalmente. Eso significa que nos dividiremos en dos grupos; un grupo leerá una parte y después el otro grupo leerá la siguiente parte, alternando a medida que leamos.

Reparta el **Reproducible 5A**. Pida que alguien lea la información en la parte superior y que lean el salmo antifonalmente (alternando en dos grupos). Pida que un o una estudiante se pare enfrente de cada grupo para que señale cuándo comenzar. Puede cambiar de estudiante en cada paráfrasis.

Materiales:
Reproducible 5A

Accesorios de Zona®:
ninguno

Canta al Señor

Inmediatamente después de leer la última paráfrasis, haga que sus estudiantes escuchen el cántico "Venid, cantemos" (**Reproducible 5D; cántico 8 del disco compacto**).

Repita el cántico y anímeles a cantarla juntos.

Materiales:
Reproducible 5D

Accesorios de Zona®:
tocadiscos de discos compactos

Primarios Mayores: Lección 5

Historia de la  Bíblica

Salmo 100

Por Delia Halverson

Algunas veces podemos entender mejor un pasaje de la Biblia cuando lo parafraseamos o lo decimos con palabras diferentes pero con el mismo significado. Abajo hay dos paráfrasis del Salmo 100 y una traducción.

Grupo 1: No tengan temor de hablarles a todos de Dios.
Grupo 2: Es más, ¡anúncialo con voz fuerte!
Todos: ¡Sí, Dios!, ¡eres grande!
Grupo 1: ¡Canten sus alabanzas con alegría!
Grupo 2: Canten cuando juntos adoren a Dios.
Grupo 1: Dios es especial y lo sabes.
Grupo 2: Dios nos creó a cada uno especial, somos especiales.
Grupo 1: Somos hijos e hijas de Dios, ¡Dios se preocupa por nosotros!
Grupo 2: Alabemos y demos gracias a Dios en nuestros templos.
Todos: ¡Dios es GRANDE! El amor de Dios es infinito.
(parafraseado por Delia Halverson)

Grupo 1: ¡Canten al Señor con alegría, habitantes de toda la tierra!
Grupo 2: Con alegría adoren al Señor; ¡con gritos de alegría vengan a su presencia!
Grupo 1: Reconozcan que el Señor es Dios; él nos hizo y somos suyos.
Grupo 2: ¡Somos pueblo suyo y ovejas de su prado!
Grupo 1: Vengan a sus puertas, entren en su templo cantando himnos de alabanza y gratitud.
Grupo 2: ¡Denle gracias, bendigan su nombre!
Todos: Porque el Señor es bueno; su amor es eterno y su fidelidad no tiene fin.
(Versión popular, Dios Habla Hoy)

Grupo 1: Traigan un par de guitarras y unos tambores.
Grupo 2: Venimos a la iglesia a adorar a Dios.
Grupo 1: ¡Nuestro Dios es un Dios increíble!, ¡lo creemos verdaderamente!
Grupo 2: Dios hizo algo bueno cuando nos hizo.
Grupo 1: Dios nos da la bienvenida a su grupo.
Grupo 2: ¡Dios nos enseñará a tocar buena música!
Todos: Dios nos ama y es fiel siempre. ¡Nuestro Dios es un Dios maravilloso!
(parafraseado por Delia Halverson)

Reproducible 5A

Permiso de fotocopiado otorgado para uso de la iglesia local. © 2007 Abingdon Press.

Ujier	La persona que nos ayuda a encontrar un asiento.	Pastor o pastora	La persona que transmite el mensaje, usando la Biblia como referencia.
Persona que saluda	La persona que da la bienvenida a las personas al servicio de adoración y les ofrece ayuda.	Instrumentista	La persona que nos ayuda a adorar tocando un instrumento en la adoración.
Director o directora del coro	La persona que dirige el coro y que nos ayuda a adorar.	Asistente de Comunión	La persona que prepara los elementos de la Comunión cuando rememoramos en ésta la última cena de Jesús con sus discípulos.

Reproducible 5B

Miembro del coro	La persona que nos ayuda a adorar al Señor cantando.	Persona encargada de la campana	Un miembro del coro de campanas que nos ayuda a adorar a Dios.
Custodio	La persona que mantiene limpia y ordenada el área de adoración.	Liturgista	Grupo de persona que dirige las partes del servicio de adoración.
Acólito	La persona que trae la luz y algunas veces la cruz o la Biblia al santuario y la saca al final del servicio.	Congregación	Personas que adoran en sus asientos o bancas.

Escoja una o más actividades para sumergir a sus estudiantes en la historia bíblica.

Haz una copa de alabanza

El fondo de la botella se transformará en el cuenco del cáliz. Coloque una liga alrededor de la botella a la altura donde quiera cortarla para formar el cuenco. Dibuje una línea con marcador permanente sobre la liga. La parte superior de la botella será la base. Mueva la liga a donde quiera cortar para hacer la base. Dibuje una línea con marcador permanente sobre la liga. Quite la liga. Corte ambas líneas con la navaja y tire la sección de en medio. Retire la rosca y la tapa. Use la pistola para fundir pegamento para asegurar la parte inferior de la botella (cuenco) con el cuello de la botella, ahora la base del cuenco. Use marcadores permanentes de colores para decorar la parte de afuera de la botella con símbolos. Pida a sus estudiantes que escojan una de las siguientes traducciones de "¡Alabemos a una voz!" y la escriban en sus copas.

Alemán: Mit Leib und Seele lobe ich ihn.
Inglés: Shout praises to the Lord!
Francés: Venez proclamer que l'Eternel est grand!
Italiano: Esaltiamo il suo nome tutti insieme.
Portugués: Louvamos juntos o Senhor.

Materiales:
botellas de refresco de dos litros u otras botellas de plástico
marcadores permanentes
navajas
pistola(s) para fundir pegamento y cartuchos de pegamento para fundir

Accesorios de Zona®:
ninguno

Comunión mundial

Dé a sus estudiantes la oportunidad de compartir lo que encontraron en las revistas y libros, usando la técnica de "Nudo pero uno habla".

Haga las siguientes preguntas:
En nuestra iglesia adoramos de diferentes maneras. Una manera es teniendo juntos una comida simbólica que llamanos la Comunión o la Santa Cena. ¿Por qué tenemos esta comida especial?
¿Qué alimentos usamos en esta cena especial y qué representan?
¿Cada cuándo tenemos esta cena especial en nuestra iglesia?

Diga: Alrededor del mundo en el primer domingo de octubre, las iglesias celebran la Comunión. Le llamamos el Domingo de Comunión Mundial. Esto significa que los cristianos en todos los países vienen a adorar Dios. Celebran la Santa Cena para recordar la última cena que Jesús tomó con sus discípulos. Hoy estudiamos un salmo o cántico que el pueblo hebreo usaba cuando iban a adorar a Dios.

Materiales:
ninguno

PRIMARIOS MAYORES: LECCIÓN 5

 de Vida

Escoja una o más actividades para que la Biblia cobre significado en la vida.

Materiales:
Reproducibles 5B-5C
tijeras
cinta adhesiva

Accesorios de Zona®:
mochilas de colores

Revo-adoración

En este juego (similar al juego "Revolución") los estudiantes se sientan en un círculo de sillas, una silla menos que el número de jugadores. Antes que empiece la clase, recorte una copia de los **Reproducibles 5B-5C**, recortando solamente por las líneas gruesas. Doble los papeles y póngalos en una **mochila de colores**. Ponga ambas mochilas en el centro del círculo, una con las tarjetas y otra vacía. Recorte la otra copia, recortando por las líneas gruesas y las punteadas, tire la información a un lado de cada tarjeta. Dé las tarjetas con los nombres a cada estudiante en lugar de etiquetas de su nombre. Si tiene más de doce miembros en su clase, copie tarjetas adicionales. Si tiene menos, dé a algunos más de una tarjeta.

Diga: Vamos a jugar Revo-adoración. Una persona se quedará en medio del círculo. Esa persona será "el (la) revoltoso(a)" que sacará dos tarjetas de esta bolsa y leerá los dos nombres. Las personas con esos nombres cambiarán lugares y el (la) revoltoso(a) tratará de conseguir una silla. Una vez que todos se sienten, las personas que cambiaron lugares leerán la información en sus tarjetas. Los papeles que fueron escogidos se pondrán en la bolsa vacía y el nuevo(a) revoltoso(a) continuará. Cuando se nos acaben los papeles en una mochila usaremos los que están en la otra bolsa. Si me oyen gritar, "¡Alégrense y canten cuando vengan a alabar al Señor!", todos cambiarán de lugar.

Materiales:
Reproducibles 1E y 5E
tocadiscos de discos compactos
mesa de celebración
opcional:
instrumentos musicales hechos en la Lección 2

Accesorios de Zona®:
disco compacto
pelota graciosa
mochila de colores

Alabanza y oración

Invite a la clase a la mesa de celebración para alabanza y oración, usando el cántico "Marchamos a Sión" (**Reproducible 1E; disco compacto, cántico 2**). Encienda la vela y invíteles a considerar el color apropiado de la estación y el globo terráqueo o mapamundi que está sobre la mesa. Use la técnica de "Nudo pero uno habla" para dirigir la conversación.

Haga a las siguientes preguntas a sus estudiantes:
¿Qué se celebra el primer domingo de octubre?
¿Por qué suponen que tenemos un globo terráqueo/mapamundi en la mesa de celebración?

Reparta el **Reproducible 5E**. Guíe a la clase cantando "Te alabamos Señor" (**cántico 7**). Usar los instrumentos musicales que hicieron en la Lección 2.

Pida al estudiante que se preparó, que lea la siguiente oración: "Te damos gracias, amado Dios, por todo lo que nos has dado. Es bueno venir a la iglesia a alabarte. También es bueno alabarte dondequiera que estemos. Cantamos tus alabanzas juntos. Amén".

Canten "Shalom javerim" (**Reproducible 1E; cántico 3 del disco compacto**) para despedirse.

Haga una copia de Zona Casera® para cada estudiante en la clase.

ZONA BÍBLICA®

 # Casera para estudiantes

TIENDAS DE CAMPAÑA DE ALABANZA

Alabamos a Dios en la iglesia, pero también le adoramos en nuestras casas. Escribe versículos de alabanza en tarjetas en forma de tiendas de campaña para ponerlas en la mesa a la hora de las comidas. Usa tarjetas o papel de construcción de varios colores de 8 1/2 por 5 1/2. Dobla el papel a la mitad para formar "tiendas de campaña". Escribe el versículo en un lado de la tienda y decora apropiadamente el otro lado. Aquí te sugerimos algunos versículos" Éxodo 15:1; 1 Crónicas 16:8, 9,10, 31-34, 36; Salmos 8:1; 9:1-2; 19:1; 30:4; 47:1-2; 57:9-10; 95:1-6; 100:2; 106:1 y 146:1-2

Zona para pensar

¿Con quién puedo compartir un salmo de alabanza? ¿Qué le puedo decir a esa persona acerca de mis sentimientos hacia Dios?

Pan dulce de la India

2 tazas de harina
¼ cucharadita de sal
⅔ de taza de agua
¼ de taza de azúcar
1 cucharada de aceite vegetal

Revuelve la harina, sal y agua hasta que se forme una bola grande. Amasa por un tiempo corto en una superficie enharinada.

Divide la masa en dos rollos de 2 pulgadas y cúbrelos con un trapo húmedo o con envoltura de plástico. Aplana cada rollo de masa, y cocine uno a la vez.

Aplana el rollo de masa hasta que esté bien fino. Espolvorea ligeramente de forma pareja con azúcar. Dobla la masa formando un pequeño cuadro y aplana nuevamente hasta que esté delgada. Pon un poco de aceite en un sartén y calienta a fuego mediano (o usa una freidora eléctrica). Cocina hasta que esté dorado, ½ o 1 minuto en cada lado. Sirve inmediatamente.

Versículo para memorizar

Con alegría adoren al Señor; ¡con gritos de alegría vengan a su presencia!

Salmo 100:2

Podemos adorar a Dios con gozo.

Permiso de fotocopiado otorgado para uso de la iglesia local. © 2007 Abingdon Press.

Cántico de  Bíblica

Venid, cantemos

Venid, cantemos al Señor.
Venid, cantemos al Señor.
Venid, cantemos al Señor
con alegría.
Venid, cantemos al Señor
con alegría.

¡Oh, qué bueno, bueno es Dios!
¡Oh, cuán grande es su amor!
Si algo necesito, Dios me lo da.
¡Qué bueno es el Señor!

LETRA: Raquel M. Martínez, basado en Salmo 95:1-7
MÚSICA: Raquel M. Martínez
© 1992 Abingdon Press, admin. por The Copyright Co., Nashville, TN 37212.

Cántico de

Todos alaben

Todos alaben,
aleluya.
Alabemos al Señor.

Alabemos con la trompeta,
con el arpa y el laúd.
Con el pandero y con danza
alabemos al Señor.

Todos alaben,
aleluya.
Alabemos al Señor.

Alabemos en su santuario
por sus proezas y amor.
Por su misericordia
alabemos al Señor.

Todos alaben,
aleluya.
Alabemos al Señor.

Alabemos día y noche
en la tierra y en el mar.
Por toda su creación
alabemos al Señor.

Todos alaben,
aleluya.
Alabemos al Señor.

Alabemos al Señor.

LETRA: J. Jefferson Cleveland; trad. por Diana Beach.
MÚSICA: J. Jefferson Cleveland.
© 1981 Jefferson Cleveland; trad. © 2007 J. Jefferson Cleveland.

Jesús en el Templo

Entra a la

Versículo bíblico
Al hombre que honra al Señor, él le muestra el camino que debe seguir.

Salmo 25:12

Historia bíblica
Lucas 2:41-52

Los doce años de edad marcan la adultez para una niña judía y trece años para un niño. A los niños y a las niñas que no han alcanzado estas edades no se les requieren el que obedezcan los mandamientos de Dios, pero tienen que estar inmersos en un tiempo de aprendizaje. Es responsabilidad de los padres que las hijas y los hijos se convierten en "hijo o hija del mandamiento". Entonces los padres dan gracias a Dios de que esta o este joven es ahora responsable por sus propias transgresiones.

La niñez de cuarto, quinto y sexto grado puede identificarse con Jesús a esta edad, se darán cuenta de que la visita al Templo fue parte de su proceso de convertirse en adulto. El percance con Jesús no fue negligencia paterna. Cuando viajaban en caravana, usualmente las mujeres y los niños comenzaban a caminar antes que los hombres quienes los seguían y todos se encontraban en el lugar donde pasarían la noche. Por consiguiente, los padres de Jesús pudieron haber pensado que Jesús estaba con el otro. Ese era el año en que Jesús cumpliría los trece, y tenía razón para estar con uno o con el otro grupo.

Nuestra espiritualidad crece cuando escuchamos y hacemos preguntas; era natural para Jesús que buscara a otras personas para hacerles preguntas. Usted puede tener la oportunidad de ayudar a aclarar algunos puntos de la fe de sus estudiantes –al decir, "algunas personas piensan esto, y otras aquello. ¿Ustedes qué creen?". Quizá necesite darles a sus estudiantes tiempo para pensar y cuestionar ciertas creencias.

Note como Jesús tomó el término que María usaba para referirse a José y lo usó para Dios. Esto indica que Jesús creció entendiendo que tenía una relación con Dios. El Templo fue de importancia para Jesús al aprender de los líderes religiosos de entonces, de la misma manera la iglesia actúa para nosotros hoy día.

Nuestra iglesia nos ayuda a aprender acerca de Dios.

Vistazo a la

ZONA	TIEMPO	MATERIALES	ACCESORIOS DE ZONA®
Acércate a la Zona			
Entra a la zona	10 minutos	tocadiscos de discos compactos, página 174, mesa de celebración, número atrasado de Zona Bíblica u otra pieza del plan de estudios	disco compacto
Múltiples caras de Dios	5 minutos	Reproducible 6D, Biblias, lápices	ninguno
ZONA Bíblica®			
Disfruta la historia	5 minutos	Reproducible 6A-6B (opcional: bancos)	ninguno
El juego del rebote	5 minutos	Opcional: Reproducible 6D	pelota brillante
Bumerán del amor de Dios	5 minutos	Reproducible 6C, tablero para tachuelas o cartón grueso, tijeras, marcadores	ninguno
Versículo de pie	5 minutos	Tarjetas bibliográficas, marcadores de fieltro	mochila de colores
Zona de Vida			
Canta	5 minutos	Reproducible 6E, tocadiscos de discos compactos	disco compacto
Alabanza y oración	10 minutos	Reproducible 1E y 6E, tocadiscos de discos compactos, mesa de celebración	pelota graciosa, mochila de colores, disco compacto

Los Accesorios de Zona® se encuentran en el Paquete de **DIVERinspiración®**.

PRIMARIOS MAYORES: LECCIÓN 6

Acércate a la

Escoja una o más actividades para capturar el interés de sus estudiantes.

Materiales:
tocadiscos de discos compactos
página 174
número atrasado de Zona Bíblica u otra pieza del plan de estudios

Accesorios de Zona®:
disco compacto

Entra a la Zona

Tenga "Cantaré" (**cántico 15 del disco compacto**) tocando mientras los estudiantes entran al salón de clases. Salude a cada uno con una sonrisa.

Diga: ¡Bienvenidos a la Zona Bíblica! Estoy feliz de que estén aquí. ¡Este es un lugar divertido donde llegaremos a conocer la Biblia!

Si sus estudiantes no se conocen, déles a todos las etiquetas para que pongan sus nombres (página 174). La letra de "Cantaré" es muy sencilla, así que invite a sus alumnos a cantar con usted.

Pida a alguno de los que llegaron temprano que le ayude a preparar la mesa de celebración con la tela verde, la vela y la Biblia. Junto a la vela coloque el número atrasado de ¡Zona Bíblica! u otra pieza del plan de estudios.

Pida a una o a un estudiante que se prepare para leer la oración final en su tiempo de alabanza y oración (ver la página 78).

Materiales:
Reproducible 6D
Biblias
lápices

Accesorios de Zona®:
ninguno

Múltiples caras de Dios

Reparta el crucigrama (**Reproducible 6D**) que fotocopió antes de la clase.

Dé a sus estudiantes Biblias y lápices. Anímeles para que trabajen con su crucigrama.

Nota: Algunas palabras serán diferentes dependiendo de la traducción de la Biblia que estén usando. Recomendamos usar la versión Dios Habla Hoy.

Respuestas:
Horizontales: 2-pastor; 4-marido [esposo]; 6-alumbrar; 10-Dios; 14-Señor; 15-madre.

Verticales: 1-juez; 3-ayudar; 5-reconstruir; 6-luz; 7-águila; 8-padre; 9-curar; 11-protector; 12-torre; 13-rey.

Escoja una o más actividades para sumergir a sus estudiantes en la historia bíblica.

Disfruta la historia

Reparta el **Reproducible 6A-6B** y asigne los personajes.

Coloque sillas en el frente del aula para que las usen los que van a leer. Si tiene bancos disponibles úselos para los lectores, ya que rutinariamente se usan bancos para lecturas de teatro.

Materiales:
Reproducibles 6A-6B
opcional: bancos

Accesorios de Zona®:
ninguno

El juego del rebote

Diga: Jesús no tenía miedo de enseñar lo que él creía en su sinagoga. Nuestra iglesia nos enseña acerca de Dios. Vamos a jugar un juego y a enseñarnos mutuamente acerca de Dios.

Pida a todos que puestos de pie formen un círculo cerrado. Rebote la **pelota brillante** en medio del círculo.

Diga: Voy a rebotar la pelota a alguno de ustedes y a decir algo que creo acerca de Dios. Y entonces esa persona pasará la pelota a alguien más diciendo algo que crea sobre Dios. Continuaremos hasta que todos hayan tenido la oportunidad de decir por lo menos una creencia verdadera sobre Dios.

Nota: Si tiene una clase grande, divida a sus estudiantes en dos círculos para dar más oportunidad de compartir. Hay dos pelotas. Pueden compartir que Dios los ama, que Dios creó la tierra, o algunas de los atributos de Dios del **Reproducible 6D**. Permita que haya repeticiones, porque los mismos pensamientos acerca de Dios pueden ser de primordial importancia para más de una persona.

Materiales:
opcional:
Reproducible 6D

Accesorios de Zona®:
pelota brillante

PRIMARIOS MAYORES: LECCIÓN 6

Historia de la

¿Dónde puede estar?

Por Delia Halverson

Una historia que *"pudo haber sido"* basada en Lucas 2:41-52

Narrador: Ha sido una larga pero buena semana. Los hombres dejaron Jerusalén discutiendo todo lo que habían oído en el Templo.

José: Ha sido una gran Pascua, ¿no es así, Ira?

Ira: Así es José. Siempre disfruto la celebración de la Pascua en el Templo. Se siente que Dios es real y que se preocupa por nosotros cuando recordamos cómo nos rescató de Egipto.

José: Fue tan agradable escuchar a los maestros. Tenían algunas ideas nuevas que nunca había escuchado.

Ira: Su hijo, Jesús, ciertamente pasó mucho tiempo con los maestros. Los niños de su edad generalmente tratan de escaparse y no se quedan a escucharlos.

José: Ya tiene doce años, y pone mucha atención a lo que los demás tienen que decir acerca de Dios. Frecuentemente tenemos conversaciones que generan algunas preguntas. Creo que se fue adelante con las mujeres y los niños. Es de mucha ayuda para María.

Narrador: Aquella tarde, cuando los grupos de viajeros se reunieron, José y María se dieron cuenta que Jesús no estaba con sus amigos y parientes. Habían viajado por todo un día y estaban cansados y preocupados.

María: Pensé que seguramente Jesús estaba contigo. No falta mucho para que cumpla los trece años y le gusta tanto platicar contigo de las cosas de Dios.

José: Y yo pensé que estaba contigo porque es muy bueno ayudándote con los niños.

María: Nadie en la caravana lo ha visto. Voy a empezar a recoger nuestras cosas para que podamos regresar a buscarle. Estamos perdiendo el tiempo. Algo terrible puede estarle pasando en este momento.

José: María, no podemos viajar solos a través de ese camino rocoso en la noche. Ese camino es un lugar perfecto para encontrar ladrones. Duérmete y saldremos al amanecer.

María: No podré dormir hasta que encontremos a Jesús, así que mejor nos vamos ahora. Y esos ladrones, si están por ahí, que se preparen para lidiar con una madre que no sabe dónde está su hijo.

Narrador: Regresando a Jerusalén, pararon en la casa de un pariente de María, Elizabeth. Su esposo, Zacarías, era sacerdote y se habían quedado con ellos en Jerusalén. Su hijo, Juan, era seis meses mayor que Jesús.

Elizabeth: No sé qué pudo haberle pasado a Jesús. Él y Juan siempre están juntos cuando ustedes están en Jerusalén, pero Juan estuvo aquí anoche, y no mencionó a Jesús.

Zacarías: Quizás se perdió entre los vendedores de las calles mientras salían de la ciudad. Iré hasta allí ahora mismo.

Narrador: Buscaron a Jesús por toda la ciudad. Finalmente, al tercer día se encontraron con un grupo de hombres y jóvenes hablando con algunos maestros en el patio del Templo. José oyó la voz de su hijo haciendo una pregunta a los maestros. Todos corrieron a encontrarle.

María: Hijo, ¿por qué nos has hecho esto? ¡Tu padre y yo hemos estado preocupados y te hemos buscado durante días!

Jesús: ¿Por qué tuvieron que buscarme? ¿No sabían que estaría en la casa de mi Padre?

Maestro: Jesús ha estado hablando con nosotros acerca de Dios. Él tiene un intelecto muy inquisitivo. Estamos asombrados de sus ideas y de cómo contesta a nuestras preguntas. ¡Han criado a un futuro maestro!

Narrador: Jesús regresó a Nazaret con sus padres y continuó reflexionando en lo que había aprendido. Creció fuerte en mente y cuerpo. En todo lo que hacía se reflejaba su buena relación con Dios y los demás.

Bumerán del amor de Dios

Cuando enviamos el amor de Dios a otra persona, siempre regresa a nosotros. Usa el patrón de abajo para recortar un bumerán de cartón grueso o tablero para tachuelas. Decóralo con versículos y pensamientos acerca del amor de Dios. Abajo hay algunas sugerencias. Envía el amor de Dios con el bumerán y ¡velo regresar a ti!

Tu bondad y tu amor me acompañan a lo largo de mis días (Salmo 23:6a).

Señor, siempre diré en mi canto que tú eres bondadoso; constantemente contaré que tú eres fiel (Salmo 89:1).

Proclamaré que tu amor es eterno; que tu fidelidad es invariable, invariable como el mismo cielo (Salmo 89:2).

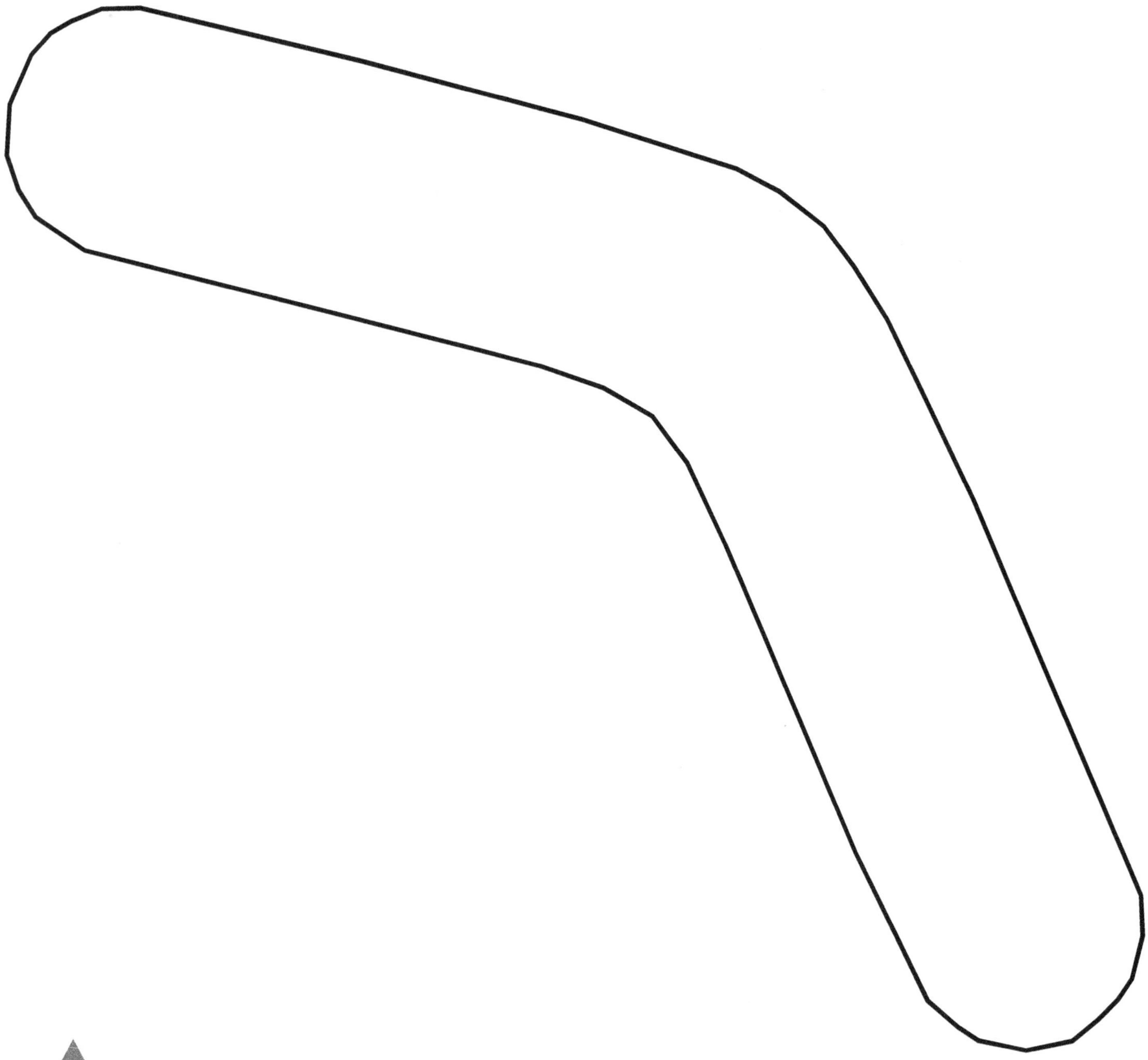

Reproducible 6C

Permiso de fotocopiado otorgado para uso de la iglesia local. © 2007 Abingdon Press.

ZONA BÍBLICA

Escoja una o más actividades para sumergir a sus estudiantes en la historia bíblica.

Bumerán del amor de Dios

Diga: El bumerán se parece al amor de Dios. Cuando lo lanzamos a otras personas, regresa a nosotros.

Reparta el **Reproducible 6C** y asegúrese que entiendan las instrucciones. Una vez que hayan terminado la actividad, tomen unos minutos para que cada estudiante use su bumerán y después póngalos a un lado para llevarlos a casa y compartir el amor de Dios con sus amistades.

Materiales:
Reproducible 6C
tablero para tachuelas o cartón grueso
tijeras
marcadores

Accesorios de Zona®:
ninguno

Versículo de pie

Escriba cada palabra del versículo bíblico en una tarjeta bibliográfica y coloque las tarjetas en la **mochila de colores**. Enumere las tarjetas para ayudar a sus estudiantes a saber su turno, debido a que varias palabras se repiten.

Nota: Si su clase tiene menos de catorce estudiantes, dé a cada estudiante dos tarjetas. Si es más grande, haga dos juegos de tarjetas. Cada participante de la clase debe tener por lo menos una tarjeta.

Primero, diga el versículo completo. Luego pídales que saquen una tarjeta de la bolsa hasta que se acaben las tarjetas.

Cuando usted dé la señal, quien tenga la primera palabra se pondrá de pie y dirá la palabra; el segundo hará lo mismo y así hasta que completen el versículo. Repita el proceso, aumentando la velocidad cada vez, hasta que se familiaricen o se aprendan el versículo.

Materiales:
tarjetas bibliográficas
marcador

Accesorios de Zona®:
mochila de colores

PRIMARIOS MAYORES: LECCIÓN 6

 de Vida

Escoja una o más actividades para que la Biblia cobre significado en la vida.

Materiales:
Reproducible 6E
tocadiscos de DC

Accesorios de Zona®:
disco compacto

Canta

Reparta el cántico "Venid, cantemos" (**Reproducible 6E; cántico 8 del disco compacto**). Recuerde a la clase que la semana pasada cantaron este cántico.

Canten el cántico.

Materiales:
Reproducibles 1E y 6E
tocadiscos de discos compactos
mesa de celebración

Accesorios de Zona®:
disco compacto
pelota graciosa
mochila de colores

Alabanza y oración

Invite a la clase a la mesa de celebración para alabanza y oración, usando el cántico "Marchamos a Sión" (**Reproducible 1E; disco compacto, cántico 2**). Encienda la vela e invíteles a considerar el color apropiado de la estación y el número atrasado de ¡Zona Bíblica! u otra pieza del plan de estudios que esté sobre la mesa.

Use la técnica de "Nudo pero uno habla" para hacer las siguientes preguntas:
¿Por qué se imaginan que tenemos una copia del plan de estudios en la mesa?
¿Cómo nos ayuda el plan de estudios a aprender acerca de Dios?
¿Qué han aprendido sobre Dios hoy?
¿Qué han aprendido sobre Dios en la iglesia en otras ocasiones?

Canten "Venid, cantemos" (**Reproducible 6E; cántico 8 del disco compacto**) al final de la discusión.

Pida al estudiante que se preparó, que lea la siguiente oración: "Nuestro Dios, sabemos que eres un Dios maravilloso. Te damos gracias por que podemos aprender más de ti en la iglesia. Ayúdanos a recordar que te quedarás con nosotros cuando dejemos este lugar y que estarás con nosotros todo el día, todos los días. Amén".

Canten "Shalom javerim" (**Reproducible 1E; cántico 3 del disco compacto**) para despedirse.

Haga un copia de Zona Casera® para cada estudiante.

 # Casera para estudiantes

CORRIENTES DE AIRE

Para experimentar con corrientes de aire, usa una botella de refresco y una vela. Prende la vela y colócala detrás de la botella. ¿Qué crees que pasará cuando soples sobre la botella de lado opuesto a la vela? Inténtalo. ¿Te asombra? Inténtalo con dos o más botellas.

Después de experimentar lee la explicación al final de este recuadro.

Las corrientes de aire que Dios creó funcionan de la siguiente manera: El aire que soplas se divide en dos cuando se encuentra con la botella, volviéndose a juntar al otro lado de la botella. Y así se apaga la vela.

Zona para pensar

Es difícil explicar a Dios. ¿En qué se parece Dios al viento o el aire?

Batido de fruta

Necesitarás:
licuadora o procesador de alimentos
1 taza de leche baja en grasa o yogur de vainilla o sin sabor sin grasa
¼ de cucharadita de vainilla (si deseas)
cubos de hielo
fruta fresca o congelada

Corta la fruta en pedazos y colócala en la licuadora. Agrega los demás ingredientes y licúa o procesa por 30 o 40 segundos, o hasta que esté suave y cremoso. Vacía en vasos y ¡disfruta! Rinde cuatro vasos.

Versículo para memorizar

Al hombre que honra al Señor, él le muestra el camino que debe seguir.

Salmo 25:12

Nuestra iglesia nos ayuda a aprender acerca de Dios.

Permiso de fotocopiado otorgado para uso de la iglesia local. © 2007 Abingdon Press.

Imágenes de Dios

Consulta los versículos en la Biblia si necesitas ayuda con las respuestas.

Horizontales
2. El que cuida las ovejas (Salmo 23)
4. Casado con una mujer (Oseas 2:16)
6. Opuesto a apagar (2 Samuel 22:29)
10. El que enseña (Isaías 28:26)
14. El que te protege (Jeremías 20:11)
15. Un pariente femenino (Isaías 66:13)

Verticales:
1. El que hace juicio (Salmo 50:6)
3. Dar la mano (Salmo 54:4)
5. Hacer de nuevo (Jeremías 31:4)
6. Opuesto a la oscuridad (Salmo 27:1)
7. Un pájaro con alas grandes (Deuteronomio 32:11)
8. Un pariente masculino (Salmo 103:13)
9. Lo que pasa con las heridas (Jeremías 30:17)
11. Alguien que nos cuida (Deuteronomio 32:4)
13. El que gobierna (Salmo 47:6)

Reproducible 6D

Zona Bíblica

Permiso de fotocopiado otorgado para uso de la iglesia local. © 2007 Abingdon Press.

Cántico de

Venid, cantemos

Venid, cantemos al Señor.
Venid, cantemos al Señor.
Venid, cantemos al Señor
con alegría.
Venid, cantemos al Señor
con alegría.

¡Oh, qué bueno, bueno es Dios!
¡Oh, cuán grande es su amor!
Si algo necesito, Dios me lo da.
¡Qué bueno es el Señor!

LETRA: Raquel M. Martínez, basado en Salmo 95:1-7
MÚSICA: Raquel M. Martínez
© 1992 Abingdon Press, admin. por The Copyright Co., Nashville, TN 37212.

Jesús en la sinagoga

Entra a la ZONA

Versículo bíblico
Y Jesús seguía creciendo en cuerpo y mente, y gozaba del favor de Dios y de los hombres.
Lucas 2:52

Historia bíblica
Lucas 4:16-30; Mateo 13:54-58; Marcos 6:1-6

En nuestros días, los lectores de la Biblia ven a Nazaret como una pequeña aldea, pero debió haber tenido cerca de 20,000 habitantes. El estar situada en la intersección de tres caminos importantes hizo de Nazaret un lugar cosmopolita, más abierto y sofisticado que otras comunidades. Ésta es la imagen que venía a la mente cuando se referían a Jesús como Jesús "de Nazaret".

Lucas reporta que cuando Jesús regresó a Nazaret como maestro, es identificado por los lugareños como "el hijo de José". Mateo y Marcos mencionan a María y a los hermanos de Jesús, pero su padre fallecido, en lugar de ser nombrado, es simplemente "el carpintero", haciendo a Jesús "el hijo del carpintero" un carpintero también. Siguiendo con la tradición, Jesús era conocido en casa simplemente como un habitante de Nazaret, el hijo de José y María y un carpintero por herencia nada más.

Jesús regresa, no para visitar a su familia y la casa donde creció, no para retomar la carpintería y cuidar de su madre y hermanos, pero como un carismático y bienhablado maestro. ¿Qué había pasado con el carpintero que trabajaba en reparar un yugo hasta en construir una casa? Marcos y Mateo narran que los líderes religiosos de Nazaret cerraron sus oídos guiados por estas características ordinarias. Lucas los presenta respondiendo positivamente a "las cosas maravillosas que él decía" en la sinagoga, y más tarde respondiendo con enojo y violencia cuando Jesús dice que no podían tolerar la presencia de su sabiduría así como no toleraban la presencia de personas indeseables, entre ellos, tales como: viudas, gentiles y leprosos, a quienes reconoció como bendecidos por Dios.

Podemos reconocer en el carácter "ordinario" de Jesús que Dios es Dios para todo tipo de persona. Pero en su tierra, el ser ordinario y al mismo tiempo especial, no le favoreció, impidiendo que la gente escuchara su mensaje. A menos que las gentes estén abiertas a recibir al mensajero, no pueden escuchar el mensaje.

Nuestra iglesia nos ayuda a aprender acerca de Jesús.

Vistazo a la

ZONA	TIEMPO	MATERIALES	ACCESORIOS DE ZONA
Acércate a la Zona			
Entra a la Zona	10 minutos	tocadiscos de discos compactos, página 174, mesa de celebración retrato de Jesús.	disco compacto
Critica el retrato	5 minutos	varias láminas de Jesús, Reproducible 7C lápices	pelota graciosa mochila de colores
ZONA Bíblica			
Disfruta la historia	5 minutos	Reproducibles 67A–7B	ninguno
Defiende tu opinión	5 minutos	ninguno	ninguno
Cruces de Cristo	10 minutos	grapas grandes (clips), alambre delgado, pinzas con punta de aguja, cordón resistente o listón delgado, cinta adhesiva	ninguno
Nudo sabio	5 minutos	pizarrón o pedazo grande de papel, tiza o marcador	pelotas graciosas
Zona de Vida			
Investiga la Escritura	5 minutos	Reproducible 7D, Biblias, lápices	ninguno
Alabanza y oración	10 minutos	Reproducible 1E y 7E, tocadiscos de discos compactos, mesa de celebración	pelota graciosa, mochila de colores disco compacto

Los Accesorios de Zona® se encuentran en el Paquete de **DIVERinspiración®**.

PRIMARIOS MAYORES: LECCIÓN 7

Acércate a la

Escoja una o más actividades para capturar el interés de sus estudiantes.

Materiales:
tocadiscos de discos compactos
página 174
lámina de Jesús

Accesorios de Zona®:
disco compacto

Entra a la Zona

Tenga "Cantaré" **(cántico 15 del disco compacto)** tocando mientras sus estudiantes entran al aula. Salúdeles con una sonrisa.

Diga: ¡Bienvenidos a la Zona Bíblica! Estoy feliz de que estén aquí. ¡Este es un lugar divertido donde llegaremos a conocer la Biblia!

Si sus estudiantes no se conocen, déles las etiquetas para que escriban sus nombres (página 174). La letra de "Cantaré" es muy sencilla, así que invíteles a cantar con usted.

Pida a un o una estudiante, que haya llegado temprano, que le ayude a preparar la mesa de celebración con la tela verde, la vela y la Biblia. Junto a la vela coloque la lámina o cartel de Jesús.

Pida a una estudiante que se prepare para leer la oración final en su tiempo de alabanza y oración (ver la página 90).

Materiales:
varias láminas de Jesús
Reproducible 7C
lápices

Accesorios de Zona®:
ninguno

Critica las láminas

Reúna todas las láminas de Jesús que pueda. Enumérelas y colóquelas en la mesa.

Diga: Debido a que no había cámaras en los días de Jesús y no hay sino pocas interpretaciones artísticas de la élite política, tenemos que recurrir a otras evidencias para poder tener una vaga idea del aspecto físico de Jesús. Como Judío del oriente medio, sus rasgos y color de piel seguramente eran parecidos a las personas de esa región y herencia étnica. Muchos artistas han pintado sus impresiones de la apariencia de Jesús, poniendo expresiones en su cara para reflejar lo que imaginan fue su personalidad.

Reparta el **Reproducible 7C** y lápices. Sus estudiantes observarán cada retrato y llenarán su crítica. Una vez que hayan completado sus críticas, use la técnica de "Nudo pero uno habla" para guiar la discusión acerca de las láminas. Use la discusión para señalar algunas de las características de la personalidad de Jesús.

¡ZONA BÍBLICA®

Escoja una o más actividades para sumergir a sus estudiantes en la historia bíblica.

Disfruta la historia

Reparta el **Reproducible 7A-7B** y lean juntos la historia. Haga resaltar que la historia está narrada desde el punto de vista del pueblo de Nazaret, como si el pueblo estuviera hablando.

Materiales:
Reproducibles 7A-7B

Accesorios de Zona®:
ninguno

Defiende tu opinión

Diga: Jesús se enfrentó a la gente de su pueblo para defender lo que él creía. Vamos a jugar un juego donde podrán escoger qué partido tomar según las situaciones que se presenten.

Escoja dos lugares en el aula, con el fin de separar las opiniones del grupo "a favor" y "en contra" en cada caso. Cuando lea los diferentes asuntos, cada estudiante decidirá si está a favor o en contra y se pararán en el lado correspondiente a su elección.

Anímelos a que decidan tomando como base la opinión personal, no en la opinión de los demás. Después de cada elección, dé la oportunidad para que expliquen el porqué de su decisión.

Haga las siguientes declaraciones:
Deberíamos tener clases todo el año, con descansos a lo largo del año.
Todas las películas deberían estar accesibles para todos, sin importar la edad de las personas.
Los padres deberían permitir que los hijos decidan a que hora deben llegar a casa.
Deberíamos poder manejar tan pronto como nuestros pies alcancen los pedales.
Las ciudades deberían tener la obligación de proveer parques para andar en patines y patinetas.
Siempre deberíamos mantener el secreto cuando un amigo nos lo pide, sin importar el asunto.
La gente debería ser multada cuando tiran basura en el camino.
Las escuelas deben tener reglas de vestimenta.
Deberíamos escoger a nuestros amigos de acuerdo a lo que otros nos digan acerca de ellos.
Se debería dejar que los niños y las niñas tuvieran novios(as) cuando sientan que están listos.
Los maestros no deberían asignar tarea para los fines de semana.
Deberíamos tener asignada la iglesia a la que debemos asistir de acuerdo al lugar donde vivimos.
Si alguien mata a una persona, el o ella debe morir también.
Deberíamos mostrar identificación cuando cruzamos la frontera entre cada estado.
Quien quiera practicar un deporte debe ser colocado en un equipo.

Materiales:
ninguno

Accesorios de Zona®:
ninguno

Historia de la Zona Bíblica

Muchacho del pueblo

Por Delia Halverson

Contado desde el punto de vista de la ciudad de Nazaret; basado en Lucas 4:16-30; Mateo 13:54-58; y Marcos 6:1-6.

Soy Nazaret. Puedes encontrarme en un mapa, a la mitad del camino entre el Mar Mediterráneo y el sureste del Mar de Galilea.

Cuando Jesús era niño jugaba y gritaba y reía con sus hermanos y hermanas en mis calles. Jesús creció asistiendo a mi sinagoga para adorar a Dios y estudiar la Escrituras.

En mí se encontraba el hogar de Jesús mientras se convertía en adulto a los ojos de su fe y físicamente también.

Jesús no solo jugó en mis calles y estudió en mi sinagoga, sino que también aprendió el oficio de su padre y se encargó de su familia manteniendo el negocio a flote cuando su padre murió.

Cuando llegó el día en que Jesús dejó su pueblo de origen para hacer otras cosas, extrañé su risa y sus saludos a los vecinos.

Pero un día ¡Jesús regresó! Y como siempre, en el día de reposo fue a la sinagoga.

Jesús se levantó para leer la Escritura, como era la tradición, se le dio el libro de Isaías.

Jesús abrió el pergamino y leyó a la gente: "El Espíritu del Señor está sobre mí, porque él me ha escogido para darle las buenas nuevas a los pobres. El Señor me ha mandado a anunciar libertad a los presos, a darle vista a los ciegos, a liberar al que sufre y a decir, 'Este es el año que el Señor ha escogido'".

Después de cerrar el libro lo devolvió al hombre encargado, se sentó, como era la costumbre de un maestro, para hacer comentarios acerca de lo leído.

Todos sus vecinos y anteriores compañeros de juego lo miraron atentamente. Esperaban que él les explicara las Escrituras de la manera que sus maestros lo habían hecho en el pasado.

Pero Jesús simplemente los miró y dijo, "Lo que acaban de escucharme leer se ha hecho realidad hoy".

Esto inquietó a sus vecinos y amigos. Ellos habían escuchado de los milagros que había realizado en otros lugares y estaban asombrados, pero no podían entender cómo alguien con quien habían jugado en las calles se estuviera atribuyendo el cumplimiento de la profecía.

Reproducible 7A

Permiso de fotocopiado otorgado para uso de la iglesia local. © 2007 Abingdon Press.

"¿Que no es solamente el hijo de José?" decían. "¿Se le ha olvidado quién es? ¿Por qué nos habla de esta manera un carpintero corriente?"

Jesús les dijo que ningún profeta era aceptado por la gente de su propia tierra y les recordó como Elías y Eliseo no pudieron sanar ni hacer milagros en su pueblo de origen.

Pero esto no calmó a la gente. De hecho, se enojaron tanto que se levantaron y lo echaron fuera del pueblo.
Algunos lo empujaron hasta la orilla de un barranco y estuvieron a punto de tirarle. Pero Jesús pudo deslizarse entre la multitud y escapar.

No le fue muy bien a Jesús en su propio pueblo, sin embargo pudo tener un gran impacto en el mundo.

Estoy orgullosa de ser llamada la aldea de origen de este hombre. Él sabía en lo que creía y no dudó en defender su creencia.

En la escala del 1 (-) al 10 (+), ¿qué tan parecida es esta lámina a como debió haber sido Jesús?
10   9   8   7   6   5   4   3   2   1
Foto # 1
¿Por qué la calificaste de esta manera? _____

¿Qué características de Jesús crees que muestra el artista? _____

En la escala del 1(-) al 10 (+), ¿qué tan parecida es esta lámina a como debió haber sido Jesús?
10   9   8   7   6   5   4   3   2   1
Foto # 2
¿Por qué la calificaste de esta manera? _____

¿Qué características de Jesús crees que muestra el artista? _____

En la escala del 1(-) al 10 (+), ¿qué tan parecida es esta lámina a como debió haber sido Jesús?
10   9   8   7   6   5   4   3   2   1
Foto # 3
¿Por qué la calificaste de esta manera? _____

¿Qué características de Jesús crees que muestra el artista? _____

En la escala del 1 (-) al 10 (+), ¿qué tan parecida es esta lámina a como debió haber sido Jesús?
10   9   8   7   6   5   4   3   2   1
Foto # 4
¿Por qué la calificaste de esta manera? _____

¿Qué características de Jesús crees que muestra el artista? _____

En la escala del 1 (-) al 10 (+), ¿qué tan parecida es esta lámina a como debió haber sido Jesús?
10   9   8   7   6   5   4   3   2   1
Foto # 5
¿Por qué la calificaste de esta manera? _____

¿Qué características de Jesús crees que muestra el artista? _____

En la escala del 1 (-) al 10 (+), ¿qué tan parecida es esta lámina a como debió haber sido Jesús?
10   9   8   7   6   5   4   3   2   1
Foto # 6
¿Por qué la calificaste de esta manera? _____

¿Qué características de Jesús crees que muestra el artista? _____

En la escala del 1 (-) al 10 (+), ¿qué tan parecida es esta lámina a como debió haber sido Jesús?
10   9   8   7   6   5   4   3   2   1
Foto # 7
¿Por qué la calificaste de esta manera? _____

¿Qué características de Jesús crees que muestra el artista? _____

En la escala del 1 (-) al 10 (+), ¿qué tan parecida es esta lámina a como debió haber sido Jesús?
10   9   8   7   6   5   4   3   2   1
Foto # 8
¿Por qué la calificaste de esta manera? _____

¿Qué características de Jesús crees que muestra el artista? _____

En la escala del 1 (-) al 10 (+), ¿qué tan parecida es esta lámina a como debió haber sido Jesús?
10   9   8   7   6   5   4   3   2   1
fFoto # 9
¿Por qué la calificaste de esta manera? _____

¿Qué características de Jesús crees que muestra el artista? _____

En la escala del 1 (-) al 10 (+), ¿qué tan parecida es esta lámina a como debió haber sido Jesús?
10   9   8   7   6   5   4   3   2   1
Foto # 10
¿Por qué la calificaste de esta manera? _____

¿Qué características de Jesús crees que muestra el artista? _____

Crítica la lámina

Reproducible 7C

Permiso de fotocopiado otorgado para uso de la iglesia local. © 2007 Abingdon Press.

ZONA BÍBLICA

Escoja una o más actividades para sumergir a sus estudiantes en la historia bíblica.

Cruces de Cristo

Sus estudiantes harán unas cruces para que les recuerden a Cristo. Dé a cada estudiante cuatro grapas grandes, alambre delgado, cinta adhesiva y un par de pinzas con punta de aguja. Pídales que sigan estas instrucciones.

Usando las pinzas, enderece las cuatro grapas de manera que queden como alambres largos. Agarrando un extremo de la grapa con las pinzas, tuerza como un espiral. Repita con el otro extremo, con los espirales hacia la misma dirección en ambos extremos. Haga lo mismo con todas las grapas.

Haga más grandes los espirales en dos grapas, de manera que dos grapas sean más cortas que las otras dos. Coloque las grapas cortas lado a lado y únalas, con cinta adhesiva, con los espirales en direcciones opuestas. Haga lo mismo con las grapas más largas.

Coloque las grapas cortas encima de las largas para formar una cruz y use el alambre delgado para unirlas.

Para hacer un collar, ate un pedazo de cordón resistente o listón delgado a través de los espirales de arriba. Para hacer un marcador de libros, ate listón delgado al espiral de abajo.

Materiales:
grapas grandes
alambre delgado
pinzas con punta de aguja
cordón resistente o listón delgado
cinta adhesiva

Accesorios de Zona®:
ninguno

Nudo sabio

Use las **pelotas graciosas** para ayudar a sus estudiantes a aprenderse el versículo bíblico. Divida la clase en parejas o seis grupos, dependiendo de cuántos sean. Escriba el versículo en el pizarrón o en el papel usando el ejemplo siguiente:

Y Jesús seguía creciendo en cuerpo y mente, / y gozaba del favor de Dios y de los hombres.

Entregue una pelota a cada grupo. Ellos tirarán la pelota de un lado a otro entre ellos mismos, diciendo "Y Jesús seguía creciendo en cuerpo y mente" mientras tiran la pelota, y "y gozaba del favor de Dios y de los hombres" cuando la atrapan.

Materiales:
pizarrón o una pieza grande de papel
tiza o marcador

Accesorios de Zona®:
pelotas graciosas

PRIMARIOS MAYORES: LECCIÓN 7

 de Vida

Escoja una o más actividades para que la Biblia cobre significado en la vida.

Materiales:
Reproducible 7D
Biblias
lápices

Accesorios de Zona®:
ninguno

Investiga la Escritura

Reparta el **Reproducible 6D**, Biblias y lápices. Diga a sus estudiantes que quizás no encuentren las palabras exactas esto dependerá de la traducción de las Escrituras, que estén usando. Pero los versículos les darán las claves para dar con las palabras que tienen que encontrar.

Las siguientes palabras están escondidas: *Nazaret, Escrituras, Isaías, cumplido, José, Capernaúm, profeta, Elías, Eliseo, barranco.*

Alabanza y oración

Invite a la clase a la mesa de celebración para alabanza y oración, usando el cántico "Marchamos a Sión" **(Reproducible 1E; disco compacto, cántico 2)**. Encienda la vela e invíteles a considerar el color apropiado de la estación y la pintura o lámina de Jesús sobre la mesa.

Hágales las siguientes preguntas:
¿Qué aprendimos hoy de las pinturas o ilustraciones de Jesús?
¿Qué preguntas te harías a ti mismo la próxima vez que veas una pintura de Jesús?

Materiales:
Reproducible 1E y 7E
tocadiscos de discos compactos
mesa de celebración

Accesorios de Zona®:
pelota gracias
mochila de colores
disco compacto

Reparta el **Reproducible 7E** y escuchen el cántico "A cantar" **(cántico 9 del disco compacto)**. Cántenla juntos, parándose y sentándose o alzando las manos según lo indique el mismo.

Pida al estudiante que se preparó, que lea la siguiente oración:
"Te damos gracias, amado Dios, que Jesús defendió sus creencias, aun cuando esto hizo que lo despreciaran y más tarde causó su muerte. Ayúdanos a recordar que debemos defender lo que creemos. Amén".

Canten "Shalom javerim" **(Reproducible 1E; cántico 3 del disco compacto)** para despedirse.

Haga una copia de Zona Casera® para cada estudiante.

ZONA BÍBLICA®

# Casera para estudiantes

ALMUERZO DOMINICAL

Esto se prepara el día anterior y se conserva en el refrigerador. El domingo en la mañana se hornea por una hora.

Necesitarás: 1 libra de chorizo (cocinado, escurrido y desmoronado); 5 rebanadas de pan del día anterior, cortados en cubos; 2 tazas de queso rayado; 10 huevos batidos ligeramente; 4 tazas de leche; 1 cucharadita de mostaza; 1 cucharadita de sal; pimienta al gusto.
Puedes agregar media taza de champiñones y media taza de jitomate picado.

1. Engrasa un platón para hornear de 9 por 13 pulgadas.
2. Coloca los cubos de pan en el platón.
3. Añade el queso.
4. Combina los huevos, leche, mostaza, sal y pimienta y agrega de manera pareja sobre el pan y el queso.
5. Espolvorea el chorizo encima.
6. Cubre y enfría toda la noche.

Precalienta el horno a 325 grados y hornea destapado por una hora. Si comienza a dorarse demasiado, cubre ligeramente con papel de aluminio.

Zona para pensar

¿Cuándo he dado por sentado algo de alguien sin confirmar los hechos antes? ¿Cómo puedo confirmar los hechos la próxima vez?

¿Qué ves?

A veces no vemos las cosas como realmente son. Intenta este experimento:

1. Coloca el dedo índice de cada mano a tres pulgadas de distancia enfrente de tus ojos.
2. Apúntalos el uno hacia el otro.
3. Mira fijamente en medio de los dos dedos. ¿Qué ves?

Si miras fijamente tus dedos, verás aparecer un dedo pequeño entre los dos dedos. ¿Qué hay de extraño acerca de este dedo pequeño? *(Los dos dedos que estás viendo en realidad se empalman en tu visión, y el dedo pequeño con dos uñas aparece).*

Versículo para memorizar
Y Jesús seguía creciendo en cuerpo y mente, y gozaba del favor de Dios y de los hombres.
Lucas 2:52

Nuestra iglesia nos ayuda a aprender acerca de la vida de Jesús.

Permiso de fotocopiado otorgado para uso de la iglesia local. © 2007 Abingdon Press.

PRIMARIOS MAYORES: LECCIÓN 7

Buscapalabras

Busca Lucas 4:16-30 para ayudarte a encontrar las palabras escondidas. Encierra en un círculo las palabras que encuentres. Hay diez palabras escondidas.

```
A C A P E R N A U M E
C C H R E A L I D A D
N A Z O R E L I A S E
A M O F N A I N S T L
Z O R E M A R I M I I
A J E T R I S A I A S
R O B A R R A N C O E
E S C R I T U R A S O
T E A C U M P L I D O
```

Pueblo de origen de Jesús _____.
Lo que Jesús leyó _____.
El libro del que Jesús leyó _____.
Jesús dijo que la escritura se había _____.
La gente recordaba a Jesús como el hijo de _____.
¿En qué pueblo hizo Jesús grandes cosas? _____.
Jesús dijo que un _____ no es aceptado en su propia tierra.
Profeta que Jesús mencionó _____.
Otro profeta que Jesús mencionó _____.
Jesús evitó ser arrojado al _____.

Reproducible 7D

Zona Bíblica

Permiso de fotocopiado otorgado para uso de la iglesia local. © 2007 Abingdon Press.

Cántico de

¡A cantar!

¡A cantar!
¡A danzar!
¡Nos ama Dios!
¡A cantar!
¡A danzar!
¡Nos ama Dios!

¡Alabad!
¡Bendecid!
¡Dios es amor!
¡Alabad!
¡Bendecid!
¡Dios es amor!

LETRA: Lois Horton Young; trad. por Jorge A. Lockward.
MÚSICA: Lois Horton Young.
© 1982 Graded Press; trad. © 1997 Cokesbury, admin. por The Copyright Co., Nashville, TN 37212.

Sanando en el día de reposo

Entra a la

Versículo bíblico
Confía en el Señor y haz lo bueno
Salmo 37:3

Historia bíblica
Mateo 12:9-13

En los tiempos de Jesús, el día de reposo era una oportunidad para que alguna gente determinara quién era el más santo. El nivel de santidad de la persona era determinado por el número de actividades de las que se abstenía de hacer durante el día de reposo. La intención era buena, dado el hecho de que la vida en esos días era más dura de lo que es hoy, en términos del trabajo. Era un regalo decirle a la gente que un día cada semana, no deberían cargar agua, atender la tierra y sudar para preparar la comida, todo, con la intención de darle prioridad a Dios.

Sin embargo, aun las cosas buenas tienen la tendencia de alejarse del objetivo original. Ese fue el caso del día de reposo, y Jesús no dudó en señalarlo. "La gente no fue hecha para bien del día de reposo, el día de reposo fue hecho para el bien de la gente" (Marcos 2:27). Si la sanidad viene de Dios, y el día de reposo es el día del Señor, entonces, ¿un acto de sanidad en el día de reposo atraería a la gente al Dios que es el centro del día de reposo? Aparentemente los fariseos consideraban la sanidad como un trabajo humano que no tenía lugar en el día de reposo. Jesús estaba en desacuerdo, y valientemente sanó la mano lisiada de un hombre en la sinagoga.

Este hombre fue afortunado porque que ni la autoestima de Jesús ni su relación con Dios dependían en la aprobación de los líderes religiosos, porque no había manera en que se le diera aprobación a una persona que regularmente echaba sombra sobre la autoridad de éstos.

Los judíos ortodoxos preferían morir que romper una de las leyes del día de reposo. Algunos archivos antiguos indican que la costumbre de los judíos de no luchar en el día de reposo llevó a la destrucción de Jerusalén. Sus enemigos se aprovecharon de este día santo para destruir la ciudad.

Aunque el legalismo no es desconocido en la iglesia hoy día, damos gracias a Dios que hay personas que nos enseñan a examinar las situaciones como lo haría Jesús, y a determinar cuál es la voluntad de Dios para el día de reposo y para todos los días.

Nuestra iglesia nos ayuda a distinguir lo que es importante.

Vistazo a la

ZONA	TIEMPO	MATERIALES	ACCESORIOS DE ZONA®
Acércate a la Zona			
Entra a la Zona	10 minutos	tocadiscos de discos compactos, página 174, mesa de celebración, fotografía o símbolo de un proyecto misionero de la iglesia.	disco compacto
Personajes solidarios	5 minutos	periódicos y revistas denominacionales, periódicos locales, revistas, tijeras, cartas noticiosas de la iglesia, tablero para carteles y tachuelas (o cartulina y pegamento).	ninguno
ZONA Bíblica®			
Disfruta la historia	5 minutos	Reproducible 8A	ninguno
Mensaje escondido	5 minutos	Reproducible 8B, Biblias, lápices	ninguno
Bolsas gratuitas	5 minutos	bolsas de papel de supermercado, Biblias, marcadores	ninguno
Cosas importantes	5 minutos	Reproducibles 8C-8D, tijeras	mochilas de colores
Zona de Vida			
Aprende un cántico	5 minutos	Reproducible 8E, tocadiscos de discos compactos	disco compacto
Alabanza y oración	10 minutos	Reproducible 1E, tocadiscos de discos compactos, mesa de celebración	pelota graciosa mochila de colores disco compacto

Los Accesorios de Zona® se encuentran en el Paquete de **DIVERinspiración®**.

PRIMARIOS MAYORES: LECCIÓN 8

Acércate a la

Escoja una o más actividades para capturar el interés de sus estudiantes.

Materiales:
tocadiscos de discos compactos
página 174
fotografía o símbolo de un proyecto misionero de la iglesia

Accesorios de Zona®:
disco compacto

Entra a la Zona

Tenga "Cantaré" **(cántico 15 del disco compacto)** tocando mientras sus estudiantes llegan al aula. Salúdeles con una sonrisa.

Diga: ¡Bienvenidos a la Zona Bíblica! Estoy feliz de que estén aquí. ¡Éste es un lugar divertido donde llegaremos a conocer la Biblia!

Si sus estudiantes no se conocen, déles las etiquetas para que escriban sus nombres (página 174). La letra de "Cantaré" es muy sencilla, así que invíteles a cantar con usted.

Pida a un o una estudiante, que haya llegado temprano, que le ayude a preparar la mesa de celebración con la tela verde, la vela y la Biblia. Junto a la vela coloque una fotografía de un proyecto misionero en el que su iglesia haya participado, o un símbolo de un proyecto que los alumnos reconozcan fácilmente.

Materiales:
periódicos locales, revistas, cartas noticiosas de la iglesia, periódicos y revistas denominacionales
tijeras
tablero para carteles y tachuelas o cartulina y pegamento

Accesorios de Zona®:
ninguno

Personajes solidarios

Haga un tablero con historias del periódico de gente que haya hecho actos bondadosos por otras personas. Provea periódicos locales, revistas, cartas noticiosas de la iglesia, y periódicos y revistas denominacionales.

Mientras sus estudiantes llegan, pídales que investiguen en los periódicos y revistas y que recorten los artículos sobre personas bondadosas. Ponga los recortes en el tablero o use una cartulina grande para exhibir los artículos.

Escoja una o más actividades para sumergir a sus estudiantes en la historia bíblica.

Disfruta la historia

Reparta a sus estudiantes la historia bíblica "Jesús sana" **(Reproducible 8A)**. Explíqueles que esta historia está escrita usando la repetición a manera de eco.

Asigne los personajes (narrador o narradora, fariseo, Jesús) y pida a los demás que lean juntos las partes del eco.

Cada frase del eco comienza con el volumen normal de la voz y se repite con menor intensidad hasta que se pierde y no se oye más.

Materiales:
Reproducible 8A

Accesorios de Zona®:
ninguno

Mensaje escondido

Antes de la clase, fotocopie el rompecabezas del versículo bíblico **(Reproducible 8B)**.

Reparta el rompecabezas a sus estudiantes, junto con Biblias y lápices. Pídales que busquen el versículo en la Biblia y que después trabajen en el rompecabezas.

Materiales:
Reproducible 8B
Biblias
lápices

Accesorios de Zona®:
ninguno

PRIMARIOS MAYORES: LECCIÓN 8

Historia de la  Bíblica

Jesús sana

por Delia Halverson

basada en Mateo 12:9-13

Narrador: Jesús fue al lugar de reunión.

Eco: Lugar de reunión, lugar de reunión, lugar de reunión, lugar de reunión.

Narrador: Un hombre con la mano lisiada se detuvo allí.

Eco: Se detuvo allí, se detuvo allí, detuvo allí, detuvo allí.

Narrador: Los fariseos querían acusar a Jesús de hacer algo malo.

Fariseo: ¿Es correcto sanar a alguien en el día de reposo?

Eco: ¿En el día de reposo?, ¿en el día de reposo?, ¿día de reposo?, ¿día de reposo?

Jesús: ¿No rescatarías a tus ovejas si se caen en un barranco en el día de reposo?

Eco: ¿En el día de reposo?, ¿en el día de reposo?, ¿día de reposo?, ¿día de reposo?

Jesús: La gente vale más que las ovejas.

Eco: Más que las ovejas, más que las ovejas, que las ovejas, que las ovejas.

Jesús: Entonces, es correcto hacer el bien en el día de reposo.

Eco: Hacer el bien en el día de reposo, hacer el bien en el día de reposo, en el día de reposo, en el día de reposo.

Jesús: Tú con la mano lisiada, alza tu mano.

Eco: Alza tu mano, alza tu mano, tu mano, tu mano.

Narrador: El hombre alzó su mano y fue sanada.

Eco: (fuerte) ¡Su mano fue sanada!, ¡mano fue sanada!, ¡fue sanada!, ¡fue sanada!, ¡sanada!, ¡sanada!

Reproducible 8A

Permiso de fotocopiado otorgado para uso de la iglesia local. © 2007 Abingdon Press.

Mensaje escondido

La iglesia nos ayuda a saber lo que es importante. El mensaje escondido te lo recordará. Cada piedra en el camino al Templo tiene un número y una letra escrita. Encuentra las letras que corresponden a cada número en el espacio inferior. Escribe las letras en las líneas de acuerdo con los números. Si necesitas ayuda encontrando el mensaje escondido, busca el Salmo 37:3.

___ ___ ___ ___ ___ ___ ___ ___ ___ ___ ___ ___ ___ ___ ___
 1   2   3   4   5   6   7   8   9   10   11   12   13   14   15

___ ___ ___ ___ ___ ___ ___ ___ ___ ___ ___
16   17   18   19   20   21   22   23   24   25   26

PRIMARIOS MAYORES: LECCIÓN 8   **Reproducible 8B**

Permiso de fotocopiado otorgado para uso de la iglesia local. © 2007 Abingdon Press.

99

La iglesia me enseña que Dios nos ama a todos. 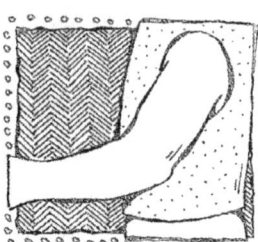 	La iglesia ayuda a los necesitados. 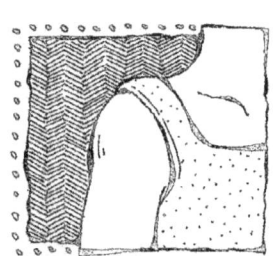 
La iglesia me ayuda a saber lo que está bien. 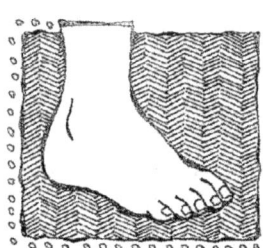 	La iglesia es la gente que alaba y adora a Dios. 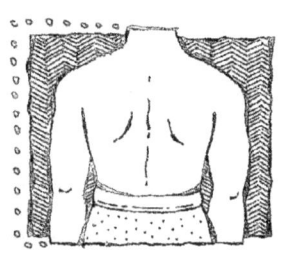 
La iglesia da la bienvenida a gente de todas edades. 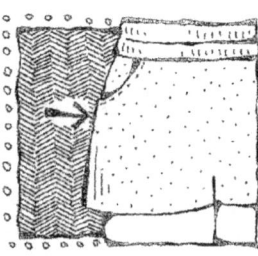 	La iglesia enseña acerca de Jesús. 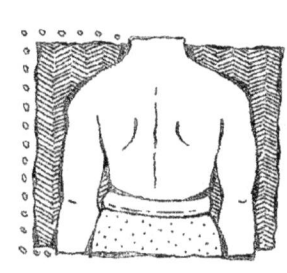 
La iglesia es un lugar donde hago nuevos amigos. 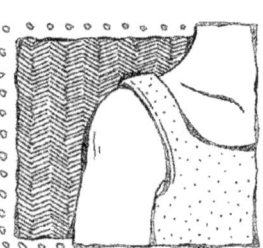 	La iglesia me enseña las verdades de la Biblia. 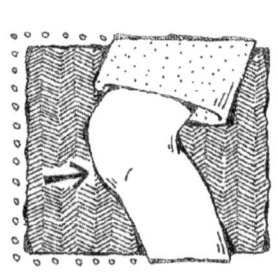 

Reproducible 8C

Permiso de fotocopiado otorgado para uso de la iglesia local. © 2007 Abingdon Press.

ZONA BÍBLICA

Escoja una o más actividades para sumergir a sus estudiantes en la historia bíblica.

Bolsas gratuitas

Con anterioridad, reúna suficientes bolsas de supermercado para que cada alumno tenga una.

Diga: Hemos aprendido cómo Jesús mostró su bondad hacia el hombre con la mano lisiada, aun cuando la sanidad iba en contra de las reglas que los oficiales habían instituido para el día de reposo. Vamos a decorar bolsas de supermercado para mostrar nuestra bondad por alguien. Pueden llevarse la bolsa a su casa y llenarla de comida (latas o alimento que no se eche a perder) durante la semana. Tráiganla la próxima semana y la comida se repartirá entre personas necesitadas de nuestra comunidad.

Si tiene una lista de diferentes lugares donde puedan enviar la comida, discútalos con la clase y decidan a dónde quieren donarla. Si no eligen ninguna, diga a la clase qué institución o ministerio la usará.

Materiales:
bolsas de papel de supermercado
Biblias
marcadores

Accesorios de Zona®:
ninguno

Cosas importantes

Antes de la clase, fotocopie los **Reproducibles 8C y 8D** uno atrás del otro (en la misma página). Haga suficientes copias para que cada persona tenga una tarjeta. Ponga las tarjetas en una mochila de colores. Pida a sus estudiantes que puestos en pie formen un círculo y explique el juego.

Diga: La primera persona tomará una tarjeta y leerá la declaración [el enunciado] de la tarjeta. En la tarjeta encontrarán diferentes partes del cuerpo, una enfrente y otra atrás. Tienen que detener la tarjeta entre su cuerpo y el de la persona a su izquierda, juntando las partes del cuerpo correspondientes a lo que se indica en ambos lados de la tarjeta. Por ejemplo, si las partes del cuerpo que se indican son la cabeza y el codo, deben poner la tarjeta entre la cabeza de una persona y el codo de la otra persona. Manteniendo la tarjeta en posición, la segunda persona sacará una tarjeta, leerá la declaración [el enunciado], y colocará la tarjeta entre su parte del cuerpo y la de la siguiente persona en el círculo. Haremos esto hasta que todos en el círculo estén conectados.

Materiales:
Reproducibles 8C-8D
tijeras

Accesorios de Zona®:
mochila de colores

PRIMARIOS MAYORES: LECCIÓN 8

 de Vida

Escoja una o más actividades para que la Bíblia cobre significado en la vida.

Materiales:
Reproducible 8E
tocadiscos de discos compactos

Accesorios de Zona®:
disco compacto

Materiales:
Reproducible 1E
tocadiscos de discos compactos
mesa de celebración

Accesorios de Zona®:
pelota gracias
mochila de colores
disco compacto

Aprende un cántico

Reparta el **Reproducible 8E**. Escuchen un verso de "Sirve a Dios" **(cántico 10 del disco compacto)** para aprender el ritmo.

Ahora anime a sus estudiantes a cantar.

Alabanza y oración

Invite a la clase a la mesa de celebración para alabanza y oración, usando el cántico "Marchamos a Sión" **(Reproducible 1E; disco compacto, cántico 2)**. Encienda la vela e invíteles a considerar el color apropiado de la estación y la fotografía, de la experiencia misionera, que se encuentra sobre la mesa.

Investigue con tiempo anticipado varias oportunidades misioneras en las que su iglesia participa. Asegúrese de incluir misiones juveniles y grupos de mujeres recordando que contribuyen económicamente con las misiones. Averigüe en qué misiones participa su denominación, recordando que el dinero recolectado llega más lejos cuando se une al de otras iglesias.

Dirija la discusión hacia las diferentes oportunidades misioneras de su iglesia utilizando la técnica de "Nudo pero uno habla". Empiece por señalar la fotografía de la experiencia misionera en la mesa de celebración.

De pie en un círculo y tomados de las manos. Pida a cada estudiante se prepare pensando en algo que él o ella han hecho por alguna persona esa semana. Empiece usted compartiendo algo que usted haya hecho y después siga alrededor del círculo, cada cual compartiendo un acto bondadoso. Terminen alzando todos las manos y diciendo juntos: "Gracias Dios por la oportunidad de servirte. Amen".

Canten juntos "Shalom javerim" **(Reproducible 1E; canto 3 del disco compacto)** para despedirse.

Haga una copia de Zona Casera® para cada estudiante.

Casera para estudiantes

Galletas serviciales de arándano

½ taza de mantequilla
1 taza de azúcar blanca
¾ taza de azúcar morena
¼ taza de leche
3 cucharadas de jugo de naranja
1 huevo batido ligeramente
3 tazas de harina
1 cucharadita de polvo de hornear
½ cucharadita de sal
¼ cucharadita de bicarbonato de sodio
1 taza de nueces picadas (opcional)
2½ tazas de arándanos picados

Precalienta el horno a 375 grados. Mezcla o bate la mantequilla y ambas azúcares hasta que la mezcla esté suave y cremosa.

Agrega la leche, jugo y huevo. Incorpora los ingredientes secos y mezcla bien. Agrega los arándanos (y nueces, si quieres). Coloca la masa por cucharaditas, separadas aproximadamente dos pulgadas, en una charola para hornear engrasada. Hornea por 10 o 15 minutos. Rinde cerca de 10 docenas de galletas.

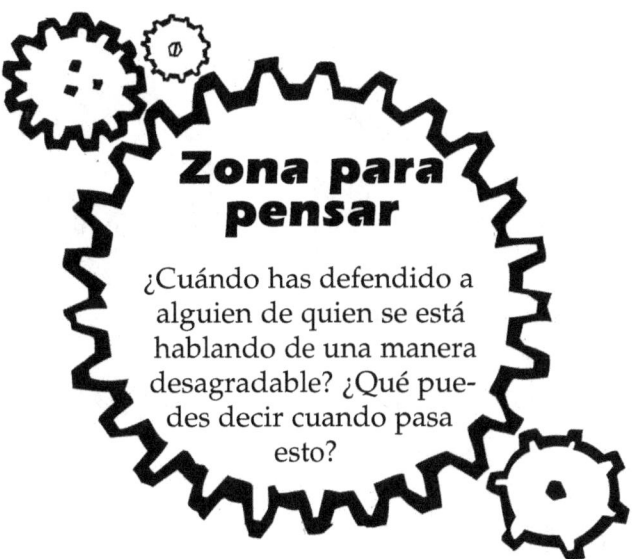

Zona para pensar

¿Cuándo has defendido a alguien de quien se está hablando de una manera desagradable? ¿Qué puedes decir cuando pasa esto?

TARJETA DE CORTESIA

Haz una tarjeta de cortesía doblando una hoja de papel dos veces. En la parte de enfrente haz un dibujo o encuentra una foto en una revista que crees que le guste a la persona a la que darás la tarjeta. Adentro escribe un mensaje diciéndole a la persona que él o ella es importante para ti.

Puedes también escribir un versículo bíblico como el siguiente:

A Dios nunca lo ha visto nadie; pero si nos amamos unos a otros, Dios vive en nosotros y su amor se hace realidad en nosotros.

1 Juan 4:12

Versículo para memorizar

Confía en el Señor y haz lo bueno.

Salmo 37:3

Nuestra iglesia nos ayuda a distinguir lo que es importante.

La iglesia me enseña que Dios ama a todos. 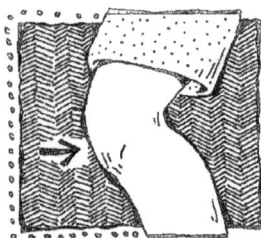 	La iglesia ayuda a los necesitados.  
La iglesia me ayuda a saber lo que está bien. 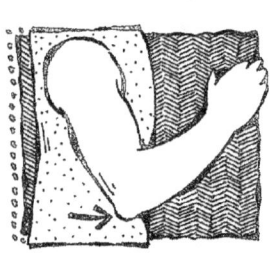 	La iglesia es la gente que alaba y adora a Dios. 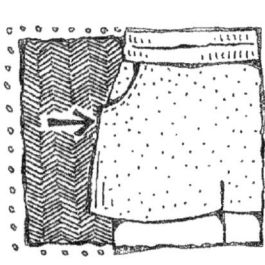 
La iglesia da la bienvenida a gente de todas las edades.  	La iglesia enseña acerca de Jesús.  
La iglesia es un lugar donde hago nuevos amigos. 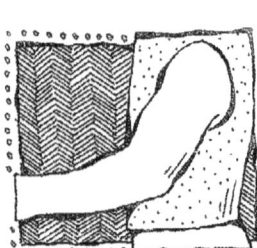 	La iglesia me enseña las verdades de la Biblia. 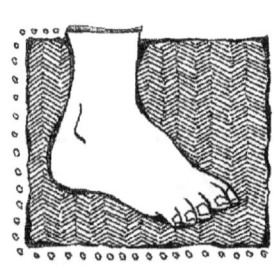 

Cántico de

Sirve a Dios

Sirve a Dios,
a Dios con alegría.
Sirve a Dios,
a Dios con alegría.
Y todo el pueblo
que espera en el Señor
sírvale.

Confía en Dios,
que siempre te guía.
Confía en Dios,
que siempre te guía.
Y todo el pueblo
que espera en el Señor
confíe en Dios.

Gracias a Dios
por sus grandes hechos.
Gracias a Dios
por sus grandes hechos.
Y todo el pueblo
que espera en el Señor
gracias dé.

Ama a Dios,
pues te liberó.
Ama a Dios,
pues te liberó.
Y todo el pueblo
que espera en el Señor
ame a Dios.

Sirve a Dios,
a Dios con alegría.
Sirve a Dios,
a Dios con alegría.
Y todo el pueblo
que espera en el Señor
sírvale.

LETRA: Jim Strathdee; trad. por Diana Beach.
MÚSICA: Jim Strathdee.
© 1977 Desert Flower Music; trad. © 2007 Desert Flower Music, Carmichael, CA 95609. Usado con permiso.

9  Bíblica

Sanando en la casa de Dios

Entra a la

Versículo bíblico
Canten himnos en su honor. ¡Hablen de sus grandes hechos!

Salmo 105:2

Historia bíblica
Mateo Lucas 13:10-17

Dorothy, el espantapájaros, el hombre de hojalata y el león cobarde (y también Toto) están de pie ante la imponente puerta a la Ciudad Esmeralda, cada uno buscando sanidad, dirección y renovación. Les dicen que se vayan; el grande y poderoso Oz no tiene tiempo para ellos. Nadie cuestiona el poder de Oz, pero todavía está el detalle del acceso. Lea Lucas 13:14. ¿Suena familiar?

Aquellos que presidían las sinagogas (lugares judíos de reunión) eran apasionados de su trabajo. Las sinagogas surgieron durante el exilio, cuando los judíos fueron forzados a abandonar sus casas y su Templo. Sin embargo, descubrieron que Dios estaba con ellos. La sinagoga representaba el acceso de la gente a Dios, así como el día de reposo. Pero tal como en Oz, los que guardaban la puerta tenían sus prioridades confundidas y guardaban el poder más que a la gente.

Cuando el amor por el sistema toma prioridad sobre el amor por las personas, algo anda mal. Por lo general, los niños de cuarto, quinto y sexto grado no están involucrados en disputas organizacionales dentro de la iglesia, pero aun así sienten la tensión cuando las partes se rehúsan a hablar los unos con los otros. Ellos necesitan darse cuenta que este no es un comportamiento que Jesús aprueba.

Jesús sanó intencionalmente en el día de reposo y en la sinagoga, afirmando su entendimiento de las prioridades de Dios y el rol de la comunidad de fe en la sanidad. Note que la mujer no se acerca a Jesús, sino que él se acerca a ella, atrayéndola al proceso de sanidad y al conflicto. Nuevamente, como pasó en Oz, los que guardaban la puerta no niegan la disponibilidad de un poder sanador, pero dicen que sólo está disponible a ciertas horas. La mujer había estado enferma por dieciocho años. ¿Qué importaba esperar un día más? Obviamente, para Jesús-y para la mujer, sin duda- importaba muchísimo.

Cuando nos reunimos en la casa de Dios en el día del Señor, no solamente estamos manteniendo un sistema o una tradición. Estamos encontrando vida.

La gente de la iglesia trabaja junta para ayudar a otras personas.

Vistazo a la

ZONA	TIEMPO	MATERIALES	ACCESORIOS DE ZONA®
Acércate a la Zona			
Entra a la Zona	10 minutos	tocadiscos de discos compactos, página 174, mesa de celebración	disco compacto, dinero de juguete
Laberinto de santos	5 minutos	Reproducible 9C, lápices	ninguno
ZONA Bíblica®			
Disfruta la historia	5 minutos	Reproducible 9A-9B	ninguno
Ayudas divinas	5 minutos	información sobre misioneros patrocinados por su iglesia y denominación	pelota graciosa, mochila de colores
Tirar la pelota y atrapa el versículo	5 minutos	pizarrón u hoja grande de papel, tiza o marcador	pelotas graciosas, de goma, brillantes, de playa
Tarjetas de saludo	5 minutos	Biblias, papel de construcción de varios colores, papel blanco, marcadores, lápices, tijeras, pegamento	ninguno
ZONA de Vida			
Misionopolio	10 minutos	Reproducible 9D; lápices, papel; tijeras; botones u otros objetos para usar como piezas de juego; caja, bolsa o canasta	dinero de juguete
Juega al "Día de Todos los Santos"	5 minutos	ninguno	ninguno
Alabanza y oración	10 minutos	Reproducibles 1E y 9E, tocadiscos de discos, compactos, mesa de celebración	pelota graciosa, mochila de colores, disco compacto

Los Accesorios de Zona® se encuentran en el Paquete de **DIVERinspiración®**.

PRIMARIOS MAYORES: LECCIÓN 9

Acércate a la

Escoja una o más actividades para sumergir a sus estudiantes en la historia bíblica.

Materiales:
tocadiscos de discos compactos
página 174
mesa de celebración

Accesorios de Zona®:
disco compacto
dinero de juguete

Entra a la Zona

Tenga "Cantaré" (**cántico 15 del disco compacto**) tocando mientras sus estudiantes llegan. Salúdeles con una sonrisa.

Diga: ¡Bienvenidos a la Zona Bíblica! Estoy feliz de que estén aquí. ¡Éste es un lugar divertido donde llegaremos a conocer la Biblia!

Si sus estudiantes no se conocen, déles las etiquetas para que escriban sus nombres (página 174). La letra de "Cantaré" es muy sencilla, así que invíteles a cantar con usted.

Pida a algún o a alguna estudiante que haya llegado temprano que le ayude a preparar la mesa de celebración con la tela verde, la vela y la Biblia. Junto a la vela coloque el dinero de juguete.

Pida a otro estudiante que se prepare para leer la oración final en su tiempo de alabanza y oración (ver la página 114).

Materiales:
Reproducible 9C
lápices

Accesorios de Zona®:
ninguno

Laberinto de santos

Antes de empezar la clase fotocopie los senderos de los santos (**Reproducible 9C**).

Cuando sus estudiantes lleguen, reparta lápices y el Reproducible 9C. Recuerde a sus estudiantes que todos somos santos cuando seguimos el llamado de Dios.

Escoja una o más actividades para sumergir a sus estudiantes en la historia bíblica.

Disfruta la historia

Reparta la historia "Jesús ayudó, y yo ayudo" **(Reproducible 9A-9B)**. Decida quien hará la voz 1 y voz 2 y divida al resto de la clase en tres grupos.

Si su clase es pequeña, los estudiantes leyendo las voces 1 y 2 pueden formar parte de los grupos.

Ayudas divinas

Escriba en un pizarrón o en un pedazo grande de papel "Capacidad, Incapacidad, Discapacidad". Use la técnica "Nudo pero uno habla" para guiar la discusión, siendo sensible hacia la posibilidad de que alguien presente tenga alguna discapacidad.

Haga las siguientes preguntas:
¿Quién puede definir estas tres palabras? *(Capacidad- aptitud para cumplir una tarea; Incapacidad- falta de capacidad para cumplir una tarea; Discapacidad- impedimento para realizar alguna tarea, considerada normal, por alteración de las funciones intelectuales o físicas. O todavía capaz, pero con ayuda o tiempo adicional).*
¿Cuáles son algunos ejemplos de discapacidad?
¿Qué significa tener una discapacidad? *(Tener una parte del cuerpo – con frecuencia una pierna, brazo o espalda – dañada de tal manera que no es posible que trabaje apropiadamente).*
¿Por qué suponen que nadie haya ayudado a la mujer discapacitada? *(Nadie se dio cuenta de su presencia; había estado discapacitada por tanto tiempo que simplemente todos aceptaron que siempre sería así; las personas discapacitadas eran consideradas pecadoras, así que eran evitadas).*
¿Cuándo has ayudado a alguien discapacitado?
¿Cómo se ocupa tu iglesia de las personas discapacitadas de tu comunidad?
¿Hay algunas personas con otros tipos de discapacidades cuyas necesidades no se han tomado en cuenta en nuestra iglesia y comunidad?
¿Cómo ayuda nuestra iglesia a personas con discapacidades en otras partes del mundo? *(Averigüe, con anterioridad, acerca de las misiones patrocinadas por su iglesia y denominación).*

Materiales:
Reproducible 9A-9B

Accesorios de Zona®:
ninguno

Materiales:
información acerca de misiones patrocinadas por su iglesia y denominación

Accesorios de Zona®:
pelota graciosa
mochila de colores

PRIMARIOS MAYORES: LECCIÓN 9

Historia de la  Bíblica

Jesús ayudó, y yo ayudo

por Delia Halverson

Basada en Lucas 13:10-17

Voz 1: Una vez Jesús se encontró con una mujer que había estado jorobada por dieciocho años. Estaba completamente doblada y no podía enderezarse.

Grupo 1: Tenemos mucha gente en nuestras iglesias que están enfermas y necesitan ayuda.

Grupo 2: Hay gente en nuestra ciudad que no tienen casas y tienen hambre.

Grupo 3: Mucha gente en otros países está muriendo de hambre.

Voz 2: Jesús miró a la mujer jorobada y la llamó. Él dijo, "Ahora estás sana". Él puso sus manos sobre ella, e inmediatamente se enderezó y alabó a Dios.

Grupo 1: Nosotros somos las manos de Jesús aquí en la Tierra, consolando a aquellos en nuestras iglesias y proveyendo comidas cuando alguien las necesita.

Grupo 2: Nosotros somos las manos de Jesús cuando preparamos comidas en un albergue o trabajamos para construir casas para los que no tienen.

Grupo 3: Nosotros somos las manos de Jesús cuando combinamos nuestro dinero con ofrendas de otras iglesias. De esa manera podemos hacer cosas más grandes que si lo hiciéramos como una sola iglesia.

Grupo 1: Podemos construir hospitales y clínicas.

Grupo 2: Podemos construir iglesias y escuelas.

Grupo 3: Podemos proveer pastores para que compartan las buenas nuevas de Jesús con otra gente.

Todos: Una iglesia sola no podría hacer todo esto.

Voz 1: Era día de reposo cuando Jesús sanó a la mujer, y los oficiales religiosos estaban enojados porque él sanó en el día de reposo.

Grupo 1: Jesús vio la necesidad e hizo algo al respecto.

Grupo 2: Jesús no se preocupó por lo que dirían los oficiales religiosos.

Reproducible 9A

Permiso de fotocopiado otorgado para uso de la iglesia local. © 2007 Abingdon Press.

Grupo 3: Debemos seguir el ejemplo de Jesús y ayudar a otras personas todas las veces posibles, aun cuando otros no estén de acuerdo con nosotros.

Voz 2: Jesús respondió: "¿Están tratando de engañar a alguien? ¿Cualquiera desataría a su buey o a su burro para llevarlo a tomar agua en el día de reposo? Esta mujer pertenece a la familia de Abraham, y ha tenido esta enfermedad por dieciocho años. ¿Que no es correcto liberarla en el día de reposo?"

Grupo 1: La gente que sufre en nuestra iglesia es más importante que nuestras mascotas y otros animales o que los juegos nuevos de computadora que nos gusta tener.

Grupo 2: La gente que sufre en nuestra ciudad es más importante que un par de pantalones de diseñador o que una bicicleta cara.

Grupo 3: La gente que sufre en otros países es más importante que la película especial o las vacaciones a un parque de diversiones.

Voz 1: Las palabras de Jesús pusieron en vergüenza a sus enemigos. Pero todos los demás en la multitud estaban felices por las cosas maravillosas que estaba haciendo.

Grupo 1: ¿Dónde puedo ser las manos de Jesús en nuestra iglesia?

Grupo 2: ¿Qué puedo hacer para ser las manos de Jesús y ayudar a la gente necesitada en nuestra ciudad?

Grupo 3: ¿Qué puedo sacrificar [dejar] para ayudar a tener dinero para hacer cosas grandes por Dios?

Todos: Podemos ayudar individualmente a las personas, y podemos juntar nuestro dinero y hacer grandes cosas por Dios.

Laberinto de santos

Sigue los senderos, conectando cada santo con el letrero en el centro. Lee las señales por el camino. Recuerda que todos somos santos cuando seguimos el llamado de Dios.

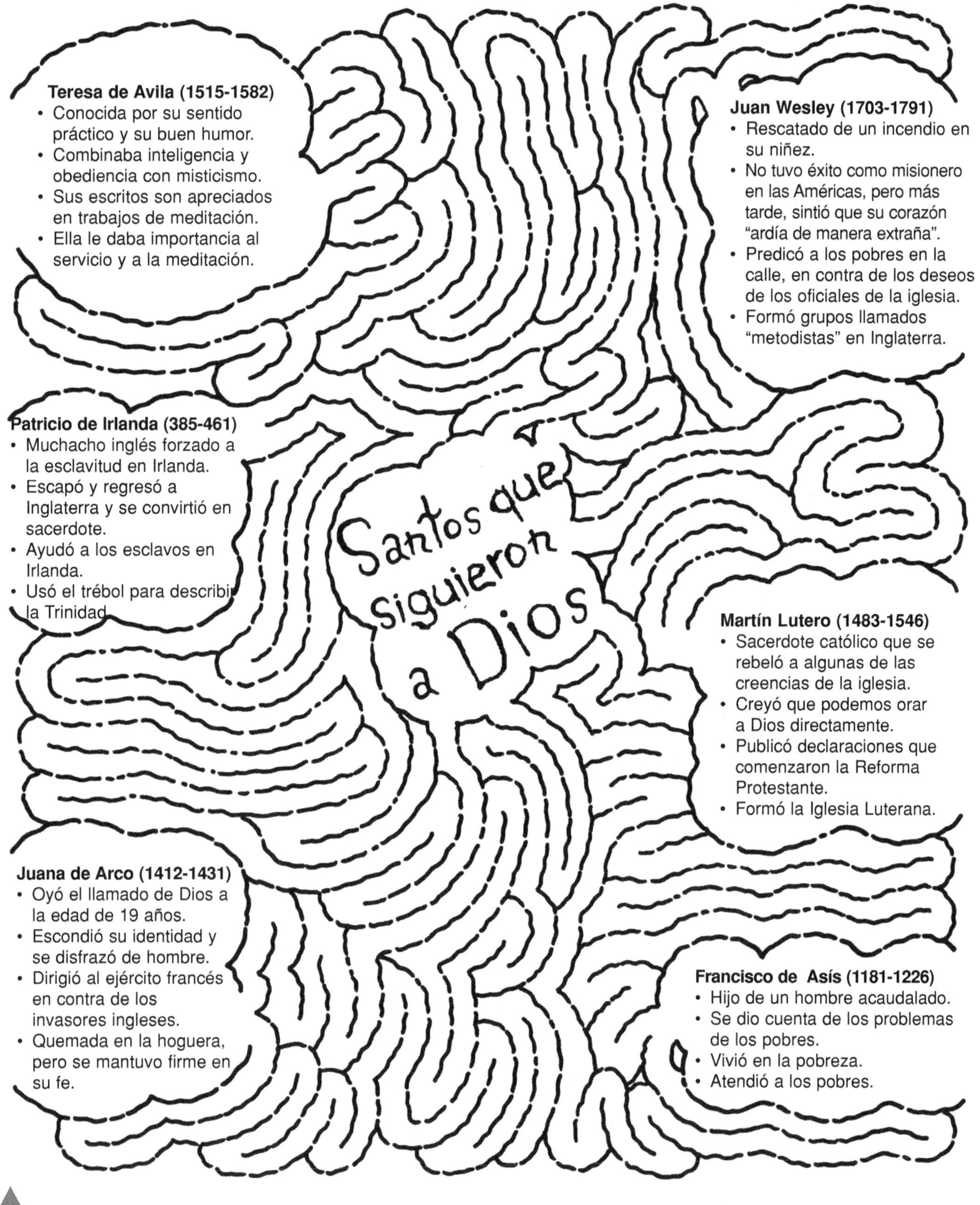

Teresa de Avila (1515-1582)
- Conocida por su sentido práctico y su buen humor.
- Combinaba inteligencia y obediencia con misticismo.
- Sus escritos son apreciados en trabajos de meditación.
- Ella le daba importancia al servicio y a la meditación.

Juan Wesley (1703-1791)
- Rescatado de un incendio en su niñez.
- No tuvo éxito como misionero en las Américas, pero más tarde, sintió que su corazón "ardía de manera extraña".
- Predicó a los pobres en la calle, en contra de los deseos de los oficiales de la iglesia.
- Formó grupos llamados "metodistas" en Inglaterra.

Patricio de Irlanda (385-461)
- Muchacho inglés forzado a la esclavitud en Irlanda.
- Escapó y regresó a Inglaterra y se convirtió en sacerdote.
- Ayudó a los esclavos en Irlanda.
- Usó el trébol para describir la Trinidad.

Santos que siguieron a Dios

Martín Lutero (1483-1546)
- Sacerdote católico que se rebeló a algunas de las creencias de la iglesia.
- Creyó que podemos orar a Dios directamente.
- Publicó declaraciones que comenzaron la Reforma Protestante.
- Formó la Iglesia Luterana.

Juana de Arco (1412-1431)
- Oyó el llamado de Dios a la edad de 19 años.
- Escondió su identidad y se disfrazó de hombre.
- Dirigió al ejército francés en contra de los invasores ingleses.
- Quemada en la hoguera, pero se mantuvo firme en su fe.

Francisco de Asís (1181-1226)
- Hijo de un hombre acaudalado.
- Se dio cuenta de los problemas de los pobres.
- Vivió en la pobreza.
- Atendió a los pobres.

Reproducible 9C

Permiso de fotocopiado otorgado para uso de la iglesia local. © 2007 Abingdon Press.

Escoja una o más actividades para sumergir a sus estudiantes en la historia bíblica.

Tira la pelota y atrapa el versículo

Dé una pelota a cada estudiante-**pelota de goma, pelota graciosa, pelota brillante o pelota de playa.** Use tantas pelotas diferentes como le sea posible.

Divida a la clase en parejas y haga que formen un círculo, con las parejas mirándose de frente. Escriba el versículo bíblico en el pizarrón o en el papel.

Todos sus estudiantes dirán "Canten himnos" y entonces tirarán las pelotas a sus parejas. Esto será complicado porque las parejas estarán tirando y tomando las pelotas al mismo tiempo. Después todos dirán "himnos en" y tirarán las pelotas de nuevo, después "en su honor" y tirarán la tercera vez.

Esto continuará hasta que no puedan atrapar las pelotas y tengan que empezar de nuevo, o cuando lleguen al final del versículo "grandes hechos".

Materiales:
pizarrón o pieza grande de papel
tiza o marcador

Accesorios de Zona®:
pelotas graciosas
pelotas de goma
pelotas brillantes
pelotas de playa

Tarjetas de saludo

Con anticipación, obtenga una lista de personas en un asilo o un hospital a quienes sus estudiantes puedan enviar tarjetas de saludo. Necesitará hacer arreglos para entregarlas o enviarlas por correo.

Ponga los materiales y Biblias en la mesa y reparta los nombres de los pacientes. Sugiera que sus estudiantes revisen algunos de los siguientes versículos bíblicos y que incluyan uno en cada tarjeta:

Génesis 9:22
Deuteronomio 6:4-5
2 Samuel 22:2-3
Salmo 9:9
Salmo 10:17
Salmo 25:4-5
Salmo 34:18
Salmo 46:1
Salmo 67:1
Salmo 73:23-24

Mateo 8:34
Juan 3:16
Juan 14:27
Romanos 8:28
Filipenses 4:6
Filipenses 4:13
Filipenses 4:19
1 Tesalonicenses 3:12
1 Pedro 5:7
Juan 3:1a

Materiales:
Biblias
papel de construcción de varios colores
papel blanco
marcadores
lápices
tijera
pegamento

Accesorios de Zona®:
ninguno

PRIMARIOS MAYORES: LECCIÓN 9

de Vida

Escoja una o más actividades para que la Biblia cobre significado en la vida.

Materiales:
Reproducible 9D
lápices, papel, tijeras, botones u otros objetos para usar como piezas de juego
caja, bolsa o canasta

Accesorios de Zona®:
dinero de juguete

Materiales:
ninguno

Accesorios de Zona®:
ninguno

Materiales:
Reproducible 1E
tocadiscos de discos compactos
mesa de celebración

Accesorios de Zona®:
pelota graciosa
mochila de colores
disco compacto

Misionopolio

Reparta el **Reproducible 9D** y un paquete de dinero de juguete para cada estudiante. Anime a sus estudiantes a que disfruten el juego. Déjelos jugar tanto como tengan interés y el tiempo lo permita.

Juega al "Día de Todos los Santos"

Asigne los siguientes nombres de santos: Francisco de Asís, Juana de Arco, Teresa de Ávila, Martín Lutero, Patricio de Irlanda y Juan Wesley. Sus estudiantes se sientan en un círculo de sillas, una silla menos que el número de jugadores. Escoja a la persona que cumple años en la fecha más cercana al día de hoy para que se pare en el centro y diga el nombre de un santo. Todos los que tengan ese nombre cambiarán lugares mientras la persona que llamó los nombres tratará de ocupar una silla. La persona que se queda sin lugar pasa al centro. Si dicen "Día de Todos los Santos", todos cambian de lugar.

Alabanza y oración

Invite a la clase a la mesa de celebración para alabanza y oración, usando el cántico "Marchamos a Sión" **(Reproducible 1E; disco compacto, cántico 2)**. Encienda la vela e invíteles a considerar el color apropiado de la estación y el dinero en la mesa.

Use la técnica de "Nudo pero uno habla" para hacer la pregunta: ¿Por qué se imaginan que tenemos dinero de juguete en nuestra mesa de celebración hoy? *(Recuérdeles las diferentes maneras en que usaron el dinero en el juego de Misionopolio).*

Reparta el **Reproducible 9E** y canten "Cúan poderoso es Dios" **(cántico 11 del disco compacto)**. Pida al estudiante que se preparó que lea la oración: "Te damos gracias, amado Dios, porque Jesús nos enseñó a cuidar los unos a los otros. Ayúdanos a hallar maneras para ayudar a todo tu pueblo. Amén".

Canten juntos "Shalom javerim" **(Reproducible 1E; cántico 3 del disco compacto)** para despedirse.

Haga una copia de Zona Casera® para cada estudiante.

 # Casera para estudiantes

ENSALADA DE PAPA

Cuando hay una ocasión especial, la gente de Mozambique decora la ensalada de papa como nosotros decoramos un pastel [torta] de cumpleaños, pero ellos utilizan huevos y vegetales como decoración.

Coce cinco papas medianas y cinco huevos.

Pela las papas y córtalas en cubos de ½ pulgada. Descascara los huevos. Guarda uno entero y rebana los otros, guardando cuatro rebanadas para la decoración. Corta el huevo que queda en piezas pequeñas.

Haz un aderezo mezclando ½ taza de mayonesa (quizás necesitarás más, dependiendo del tamaño de las papas), 2 cucharadas de azúcar, 1 cucharadita de mostaza, sal y pimienta al gusto. Mezcla esto con los pedazos de papa y huevo.

Unta esto en un platón y decóralo con los pedazos de papa y huevo, rebanadas de pimientos rojos y verdes, rebanadas de zanahoria y aceitunas.

Puedes agregar pedazos pequeños de apio, pepino, pimiento y cebolla si quieres.

Zona para pensar

¿A qué puedo renunciar para ahorrar dinero y ayudar a alguien? ¿Cómo sería esto de ayuda a Dios para cuidar de otras personas?

Ahorrando dinero

Haz una alcancía de cualquier envase que tenga tapa de plástico. Decora el recipiente pegándole dinero de juguete en la parte de afuera.

En una pedazo de papel de 1 por 5 pulgadas escribe "Para otros" y pégalo alrededor de la alcancía, sobre el dinero de juguete. Corta una ranura en la tapa suficientemente grande para que pasen monedas y billetes a través de ella.

Determina alguna manera para ganar dinero y economizarlo en tu alcancía para otros.

Versículo para memorizar

Canten himnos en su honor. ¡Hablen de sus grandes hechos!

Salmo 105:2

La gente de la iglesia trabaja junta para ayudar a otras personas.

Permiso de fotocopiado otorgado para uso de la iglesia local. © 2007 Abingdon Press.

Misionopolio

1. Selecciona una ficha para cada jugador.
2. Corta 5 pequeños cuadros de papel del mismo tamaño, enuméralos del 1 al 5. Mezclalos y ponlos en una caja, bolsa o canasta.
3. Saquen un número. El número mayor jugará primero.
4. Cuando sea tu turno, saca un número y mueve tu ficha el mismo número de espacios y sigue las instrucciones. Regresa el número a la caja.
5. Si no tienes la cantidad exacta de dinero para dar, escribe tu nombre en una casilla en algún lugar del tablero de juego para indicar servicio voluntario.
6. Saca un número y juega hasta que todos los jugadores hayan dado todo su dinero. El objetivo del juego es deshacerte de tu dinero y darlo a tantos proyectos misioneros como sea posible y acumular tantas horas de trabajo voluntario como sea posible.

Casillas del tablero (en orden):

- Escribe aquí tu nombre para ser voluntario y recoger basura en el camino.
- Escribe aquí tu nombre para ser voluntario y leer a niños en preescolar.
- Da $20 para ayudar a pagar por una beca para que un pastor vaya al seminario.
- Da $10 para ayudar a construir una cabaña nueva en un orfanato en los Estados Unidos.
- Avanza
- Da $100 para ayudar a construir en hospital en Mexico.
- Escribe aquí tu nombre para ser voluntario y cantar en un asilo de ancianos.
- Da $10 a una misión local de tu preferencia.
- Escribe aquí tu nombre para ser voluntario y servir comida en un albergue.
- Da $100 para capacitar a un doctor en China.
- Da $1 para pagar los gastos administrativos en la organización de un trabajo misionero.
- Escribe aquí tu nombre para ser voluntario y hacer empanadas para el albergue de gente sin hogar.
- Da $1 para comprar una gallina para una familia en Laos.
- Da $5 para ayudar a pagar el costo de un pozo de agua en el Congo.
- Escribe aquí tu nombre para ser voluntario en el día de limpieza en la iglesia.
- Da $5 para ayudar a pagar el salario de retiro para pastores.
- Escribe aquí tu nombre para ser voluntario y organiza ropa en una tienda de ropa usada.
- Da $20 para ayudar a construir una iglesia en Mozambique.

Cántico de

Cuán poderoso es Dios

Cuán poderoso es Dios.
Cuán poderoso es.
Ángeles postrados,
cielo y tierra adórenle.
Cuán poderoso es Dios.

LETRA: Anónimo; trad. por Diana Beach.
MÚSICA: Anónimo.
Arr. © 1996 Group Publishing, Inc. Todos los derechos reservados.

El fariseo y el cobrador de impuestos

Entra a la

Versículo bíblico
Porque el que a sí mismo se engrandece, será humillado; y el que se humilla, será engrandecido.

Lucas 18:14b

Historia bíblica
Lucas 18:9-14

En tiempos bíblicos, los judíos devotos oraban a las 9 de la mañana, al medio día y a las 3 de la tarde cada día, y aquellos más devotos, que vivían en Jerusalén, lo hacían en el Templo. Era su manera de acercarse a Dios, o de aprovecharse de la oportunidad de ser visto en compañía de Dios.

La palabra *sinagoga* se traduce como un "lugar de reunión judío", pero no hay palabras que puedan capturar la esencia de *fariseo*. Los saduceos, los sacerdotes y oficiales del templo, eran los encargados de la adoración de Israel. La pasión de los saduceos por la adoración tenía paralelo con la pasión de los fariseos por la ley. Los fariseos eran los encargados de las leyes de Israel.

El fariseo en la historia de Jesús no estaba dándole información nueva a Dios, incluso sus palabras no estaban dirigidas directamente a Dios. En su oración no había palabras de adoración a Dios, ni confesión de fe o pecado, mucho menos un espíritu de agradecimiento (sus palabras huecas de agradecimiento eran por lo que él no era, en lugar de estar agradecido por lo que Dios en su gracia le permitía ser), y no había tampoco ni rastro de suplica por sus necesidades o las necesidades de otros.

Después, aparece el odiado cobrador de impuestos, un judío que había caído tan bajo como para recaudar los impuestos de su propio pueblo para el gobierno romano y que además pedía en adición, para su propio lucro. La audiencia de Jesús sentía muy poca simpatía por estos dos personajes. Con la excepción de los fariseos, en la multitud debe haber habido una gran satisfacción cuando el fariseo fue desenmascarado. La expectativa era que el cobrador de impuestos recibiera el mismo trato. Esto hubiera dejado a la gente en una situación ambivalente –no muy buena y no tan mala– como digna de ser exaltada.

En algunas traducciones de la Biblia se relaciona al cobrador de impuestos con la palabra *humilde*. Quien confesó que era, en esencia, poco más que el polvo de la tierra, en él había potencial de crecimiento en la fe.

Podemos hablar con Dios; Dios nos ayuda a hacer lo correcto.

Vistazo a la

ZONA	TIEMPO	MATERIALES	ACCESORIOS DE ZONA®
Acércate a la Zona			
Entra a la Zona	10 minutos	tocadiscos de discos compactos, página 174, mesa de celebración, flor	disco compacto
Colorea	5 minutos	Transparencia 3, marcadores permanentes de punta fina	ninguno
La máscara de honor	5 minutos	etiqueta redonda de color; o papel de construcción de colores, tijeras y cinta adhesiva	medallas con cordones máscaras de caras graciosas
ZONA Bíblica®			
Disfruta la historia	5 minutos	Reproducibles 10A–10B, Biblias, proyector de transparencias, Transparencia 3	ninguno
Escoge ahora	5 minutos	Transparencia 3, proyector de transparencias	pelota graciosa mochila de colores
Brotes y flores	5 minutos	Reproducible 10C, pegamento, limpiapipas, papel de china, tijeras, cinta verde para florista	ninguno
No pierdas la cabeza	5 minutos	ninguno	ninguno
Rueda de la Biblia	5 minutos	Reproducible 10D, lápices, Biblia	ninguno
ZONA de Vida			
Alabanza y oración	10 minutos	Reproducibles 1E y 9E, tocadiscos de discos compactos, mesa de celebración	pelota graciosa mochila de colores disco compacto

Los Accesorios de Zona® se encuentran en el Paquete de **DIVERinspiración®**.

Acércate a la ZONA

Escoja una o más actividades para capturar el interés de sus estudiantes.

Materiales:
tocadiscos de discos compactos
página 174
mesa de celebración

Accesorios de Zona®:
disco compacto

Entra a la Zona

Tenga "Cantaré" **(cántico 15 del disco compacto)** tocando mientras sus estudiantes entran al aula. Salúdeles con una sonrisa.

Diga: ¡Bienvenidos a la Zona Bíblica! Estoy feliz de que estén aquí. ¡Éste es un lugar divertido donde llegaremos a conocer la Biblia!

Si sus estudiantes no se conocen, déles las etiquetas para que escriban sus nombres (página 174). La letra de "Cantaré" es muy sencilla, así que invíteles a cantar con usted.

Pida a una o a un estudiante, que haya llegado temprano, que le ayude a preparar la mesa de celebración con la tela verde, la vela y la Biblia. Junto a la vela coloque la flor.

Pida a un alumno que se prepare para leer la oración final en su tiempo de alabanza y oración (ver la página 126).

Materiales:
marcadores permanentes de punta fina
Transparencia 3

Accesorios de Zona®:
ninguno

Colorea

Pida a otra persona que haya llegado temprano que use marcadores para colorear la **Transparencia 3**. Sepárela para uso posterior en la clase.

La máscara de honor

Coloque un pequeño punto de color en la parte trasera de una máscara de cara graciosa, entre los huecos de los ojos.

Materiales:
etiqueta redonda de color, o cinta adhesiva y un círculo cortado de papel de construcción de cualquier color

Diga: Voy a repartir las máscaras, boca arriba. En la parte trasera de una máscara hay un punto de color. No dejen que nadie vea si alguno de ustedes tiene esa máscara. Pónganse las máscaras. Voy a señalar a dos de ustedes a la vez. Entonces, quiero que los dos se paren en frente de la clase y que por 10 segundos cada uno actúe un comportamiento por el que ustedes crean que Dios los honraría. Al final de los 10 segundos, la clase votará por el comportamiento que le parezca más honorable y a esa persona se le colocará una medalla. Continuaremos por parejas, hasta que todos hayan participado. Entonces traeremos las medallas al frente, de dos en dos, y repetiremos el proceso, pero quitándoles las medallas a los que no hayan sido votados como los más honorables. Continuaremos hasta que haya sólo una persona con medalla, y veremos si hemos escogido a la persona con la máscara que tiene el punto de color.

Escoja una o más actividades para sumergir a sus estudiantes en la historia bíblica.

Disfruta la historia

Reparta Biblias. Pida a sus estudiantes que busquen Lucas 18:9-14. Divida a la clase en grupos de dos o tres y pida que se turnen leyendo los versículos en voz alta para que se familiaricen con la historia cuando la actúen. **Reparta los Reproducibles 10A-10B** y prenda el proyector de transparencias con la Transparencia 3 proyectado en la pared. Pida a dos voluntarios que actúen las partes del fariseo y del recaudador de impuestos. El fariseo se parará cerca del altar, y el recaudador de impuestos se parará alejado. Los actores no dirán las palabras, solamente lo actuarán. Asigne quién leerá las partes y comience la historia.

Materiales:
Reproducible 10A-10B
proyector de transparencias
Transparencia 3

Accesorios de Zona®:
ninguno

Escoge ahora

Deje el proyector de transparencias prendido con la escena del Templo **(Transparencia 3)**.

Diga: La historia de hoy nos habla acerca de dos hombres. Tenemos una escena que hemos usado para la historia. Compararemos las afirmaciones de los hombres en la historia con algunas afirmaciones actuales. _____ actuó la parte del fariseo y _____ actuó la parte del recaudador de impuestos. Ustedes se pararán apartados de la pared, y les daré diferentes escenarios. Tienen que pensar en la afirmación y decidir a que acción en la historia es similar. Ustedes se pararán cerca del altar o a la distancia. Tan pronto como todos estén en su lugar, pasarán la mochila de colores, tomarán una pelota graciosa, y tomarán turnos diciéndonos porqué escogieron esa posición. Les daré otra afirmación y repetiremos el proceso.

Use la técnica de "Nudo pero uno habla" para que sus estudiantes escojan sus posiciones.

Repita las siguientes afirmaciones:
No tengo errores en matemáticas. Por eso le caigo tan bien a la maestra.
Ignoré en el pasillo a la niña que se viste con esas ropas viejas y gastadas. Debí haber hablado con ella.
Hice un comentario malo sobre el corte de pelo del niño nuevo. Eso estuvo muy mal.
Estoy agradecido que puedo correr en bicicleta más rápido que todos.
No sé si podría dar la cara si viviera en un vecindario donde hay asaltos y robos casi todos los días.
Hice llorar a mi hermana. Merezco que me castiguen.
Sabía que el video juego no servía, pero un niño en mi clase dijo que lo quería, así que se lo vendí. Voy en camino a devolverle su dinero.

Materiales:
Transparencia 3
proyector de transparencias

Accesorios de Zona®:
pelota graciosa
mochila de colores

PRIMARIOS MAYORES: LECCIÓN 10

Historia de la Zona Bíblica

El fariseo y el cobrador de impuestos

por Delia Halverson

basada en Lucas 18:9-14

Personajes: *Narrador, gente, cobrador de impuestos, fariseo, voz 1, voz 2*

Narrador: Un día Jesús se encontró con algunas personas que creían que eran mejores que otras. Creían que Dios escuchaba sus oraciones mejor que las oraciones del resto de la gente. Jesús habló acerca de dos hombres que fueron al Templo a orar. Uno era fariseo. El otro era un cobrador de impuestos.

Voz 1: El fariseo era una persona religiosa importante que vivía para la ley. Él tenía mucho cuidado de cumplir con todas las leyes, y había muchas leyes que cumplir.

Gente: Así que crees que eres mejor que nosotros, ¿no es así?

Voz 2: El otro hombre, un cobrador de impuestos, era un judío que cobraba los impuestos romanos a los otros judíos. Pero cobraba más de lo que el gobierno requería, de tal manera que el dinero adicional lo enriquecía. Esto no hacía al cobrador de impuestos muy popular en la comunidad.

Gente: ¿Cómo vives contigo mismo, sinvergüenza?

Narrador: Ambos hombres fueron al Templo a orar.

Fariseo: Oh, Dios, gracias que no soy ambicioso o deshonesto. No soy infiel en mi matrimonio como otros que conozco.

Cobrador de impuestos: Dios, ¡ten piedad de mí! ¡He caído muy bajo!

Fariseo: Estoy feliz que no soy como ese cobrador de impuestos. Probablemente has notado que no como por dos días para mostrar a todos lo religioso que soy. Y qué orgulloso debes estar de mí, Dios, cuando te doy la décima parte de lo que gano.

Cobrador de impuestos: Dios, soy tan pecador. Estoy arrepentido, Dios. He hecho cosas horrendas que no debí haber hecho. ¿Puedes perdonarme?

Voz 1: ¿Quién crees que agradó más a Dios?

Gente: Ciertamente el fariseo no, ¡a él le importa más las leyes que la gente!

Voz 2: ¿Entonces el cobrador de impuestos?

Gente: ¡Debes estar bromeando!

Voces 1 y 2: ¿Quién queda…?

Gente: ¡Nosotros! ¡Debemos ser nosotros los que agradamos a Dios!

Narrador: Jesús dijo, "Cuando los dos hombres se fueron a sus casas, fue el cobrador de impuestos…"

Gente: ¿El cobrador de impuestos? ¡De ninguna manera!

Narrador: Fue el cobrador de impuestos y no el fariseo el que agrado a Dios.

Gente: Oh, sí. El cobrador de impuestos reconoció sus errores y pidió perdón. ¿Y el fariseo?

Narrador: Jesús dijo, "Si te engrandeces a ti mismo arriba de otros, serás humillado. Pero si te humillas, serás enaltecido".

Gente: Podemos hablar con Dios; Dios nos ayuda a hacer lo que es correcto.

Brotes y flores

Dios nos ayuda a hacer lo que es correcto. Algunas veces no nos gusta donde estamos o lo que sucede a nuestro alrededor, pero de todos modos podemos florecer donde nos han plantado. Puedes usar papel de china para hacer flores que te recuerden pedir la ayuda de Dios cuando tienes que tomar una decisión difícil.

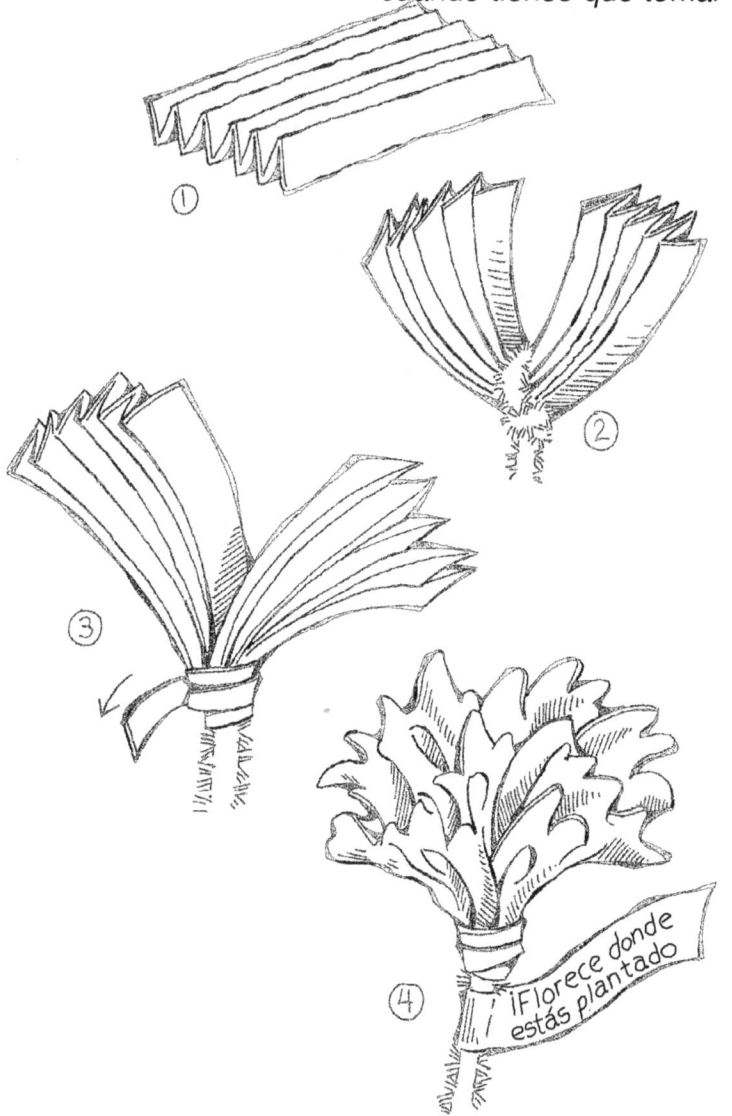

1. Corta papel de china de colores en piezas de 8 por 10 pulgadas. Usa una hoja de papel para cada flor.
2. Dobla el papel por la parte más larga, como un acordeón, con dobleces de aproximadamente media pulgada de ancho. (Diagrama 1)
3. Aplana los dobleces y dobla por la mitad. Dobla un extremo de un limpiapipas alrededor del doblez del centro de manera que quede apretado. (Diagrama 2)
4. Dale vuelta al alambre (limpiapipas) para asegurarlo en el centro. Y ahora junta los extremos del papel doblado.
5. Enreda el alambre otra vez alrededor de la base del papel de china, asegurándolo firmemente.
6. Envuelve la base y el tallo de la flor con cinta verde para florista. (Diagrama 3)
7. Haz cortes en el extremo del papel para que los pétalos estén disparejos y con forma. Puedes usar cinta adhesiva para pegar los extremos de los dobleces para que la flor mantenga su forma.
8. Fotocopia y recorta las etiquetas de regalo de abajo. Decora las etiquetas y pega el extremo en blanco alrededor del tallo de la flor. (Diagrama 4)

¡Florece donde estás plantado!
El que a sí mismo se engrandece, será humillado (Lucas 18:14).
Dios nos ayuda a hacer lo correcto.
Trata a otros como quieres ser tratado.

Reproducible 10C

Permiso de fotocopiado otorgado para uso de la iglesia local. © 2007 Abingdon Press.

Zona Bíblica

Escoja una o más actividades para sumergir a sus estudiantes en la historia bíblica.

Brotes y flores

Antes de comenzar la clase fotocopie las instrucciones para hacer las flores de papel de china **(Reproducible 10C)**.

Reparta el reproducible a los estudiantes. Asegúrese que entiendan las instrucciones.

Materiales:
Reproducible 10C
papel de china
limpiapipas
tijeras
cinta verde para florista
pegamento

Accesorios de Zona®:
ninguno

No pierdas la cabeza

Diga: Nuestro versículo bíblico de hoy nos dice que "el que a sí mismo se engrandece, será humillado". Tener una "cabeza grande" y sentirnos superiores de los demás nos causará dificultad para llevarnos bien con otros. Nos vemos envueltos en mentiras o egoísmo, y la vida comienza a ser cada vez más y más difícil. Vamos a jugar un juego donde a los ganadores se les añade una dificultad.

Divida a la clase en parejas. Dé a cada pareja cinco libros y haga que se coloquen frente a frente sentados en el piso.

Diga: Las parejas jugarán a "Roca, papel y tijeras". El que gane el juego deberá colocar un libro en su cabeza para seguir jugando. Continúen hasta que hayan usado todos los libros.

Nota: Si alguien en la clase no está familiarizado con el juego, explíquelo: a la cuenta de tres, ambos jugadores levantarán una mano en posición de roca (puño cerrado), papel (mano estirada), o tijeras (dos dedos en posición de cortar). Tijeras "cortan" el papel, el papel "envuelve" a la roca, y la roca "rompe" a las tijeras.

Materiales:
ninguno

Accesorios de Zona®:
ninguno

Rueda de la Biblia

Reparta el **Reproducible 10D** y lápices. Asegúrese que sus estudiantes entiendan las instrucciones. Anímeles a referirse a las Escrituras si es que necesitan ayuda.

Materiales:
Reproducible 10D
lápices
Biblia

Accesorios de Zona®:
ninguno

PRIMARIOS MAYORES: LECCIÓN 10

 de Vida

Escoja una o más actividades para que la Biblia cobre significado en la vida.

Materiales:
Reproducibles 1E y 10E
tocadiscos de discos compactos
diccionario
mesa de celebración

Accesorios de Zona®:
pelota graciosa
mochila de colores
disco compacto

Alabanza y oración

Invite a la clase a la mesa de celebración para alabanza y oración, usando el cántico "Marchamos a Sión" **(Reproducible 1E; disco compacto, cántico 2)**. Encienda la vela e invíteles a considerar el color apropiado de la estación y a la flor en la mesa. Use la técnica de "Nudo pero uno habla" para guiar la discusión.

Haga las siguientes preguntas a sus estudiantes:
¿Por qué se imaginan que tenemos una flor en la mesa de celebración?
¿Qué queremos decir cuando decimos, "Florece donde estás plantado"?
¿Cómo podemos saber lo que Dios quiere que hagamos en una situación determinada?

Con tiempo de anticipación, averigüe dónde hay una alacena para la comunidad cerca de ustedes. Diga a la clase que la semana siguiente tendrán la oportunidad de florecer donde han sido plantados trayendo algo de comida (en lata o empacada) para una alacena de la comunidad. Explique un poco acerca de la alacena.

Diga: Ésta es una oportunidad para que ustedes florezcan donde han sido plantados haciendo algo que Dios les ha llamado a hacer. Si desean pueden traer más de un artículo. Cuando vean la flor que han hecho y que se llevarán a casa, les recordará que tienen que separar algo de comer para traer la próxima semana.

Pida a un estudiante que encuentre la palabra *santuario* en el diccionario y que lea la definición. (Asegúrese que el diccionario utilice la palabra *santo* en la definición).

Use la técnica de "Nudo pero uno habla" para discutir lo siguiente:
¿Por qué llamamos santuario a nuestro lugar de adoración?
¿Qué significaría si nos llamamos santuarios a nosotros mismos?

Escuchen primero en silencio el cántico "Señor, prepárame" **(Reproducible 10E; cántico 12 del disco compacto)**, después cántenla completa.

Pida al estudiante que se preparó, que lea la siguiente oración: "Algunas veces presumimos de nosotros mismos, Dios, y tratamos de hacernos más importantes que los que nos rodean. Ayúdanos a transformarnos en santuarios para ti. Amén".

Canten juntos "Shalom javerim" **(Reproducible 1E; cántico 3 del disco compacto)** para despedirse.

Haga una copia de Zona Casera® para cada estudiante.

ZONA BÍBLICA

 # Casera para estudiantes

Pistas para amabilidad

Durante la semana, llena esta formulario, pero no se la enseñes a nadie. Mantenla donde puedas encontrarla cada noche, ya sea para darle gracias a Dios por la oportunidad de ser amable con otra persona, o para pedir perdón a Dios por haber hecho algo indebido.

Gracias, Dios, por la oportunidad de actuar de manera amable haciendo:

_____

_____

_____

Perdóname, Dios, por actuar en esta forma:

_____

_____

_____

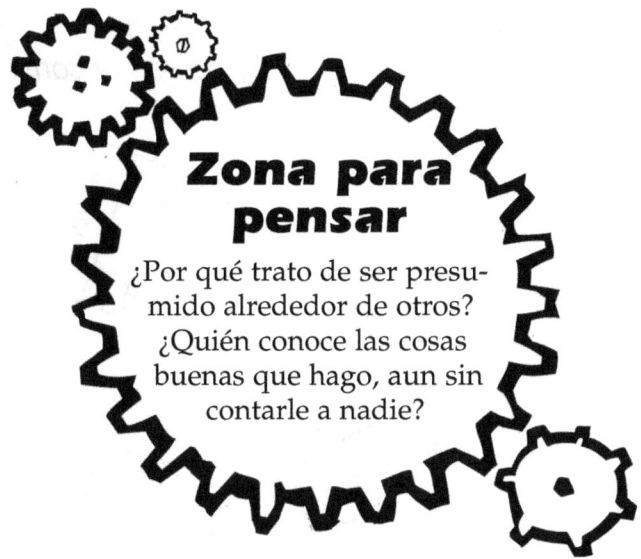

Zona para pensar

¿Por qué trato de ser presumido alrededor de otros? ¿Quién conoce las cosas buenas que hago, aun sin contarle a nadie?

FRESCO Y AGRIO

En un tazón, revuelve ½ taza de crema agria, 1 cucharada de leche, y 1 cucharada de azúcar.

Coloca tres tazas de fruta rebanada fresca o congelada en un tazón a prueba de horno. Si usas la congelada, compra fruta sin endulzar y permite que se descongele ligeramente. Vierte la mezcla de la crema sobre la fruta y espolvorea con azúcar morena en una capa fina que cubra la crema.

Precalienta el asador del horno (pide la ayuda de un adulto). Coloca el plato en el horno sólo hasta que el azúcar se derrita. Esto sucede rápidamente, así que vigila cuidadosamente para prevenir que se queme. Enfría un poco y disfruta caliente. Sirve de 2 a 4 personas.

Versículo para memorizar

Porque el que a sí mismo se engrandece, será humillado; y el que se humilla, será engrandecido.

Lucas 18:14

**Podemos hablar con Dios;
Dios nos ayuda a hacer lo correcto.**

Rueda de la Biblia

Después de narrar la historia de Lucas 18:9-14, Jesús dio consejo sabio. Comienza con la palabra en el espacio marcado con una cruz y da la vuelta a la rueda en sentido de las manecillas del reloj. Escribe cada tercer palabra en los espacios de debajo de la página, y conocerás el consejo sabio que Jesús enseñó.

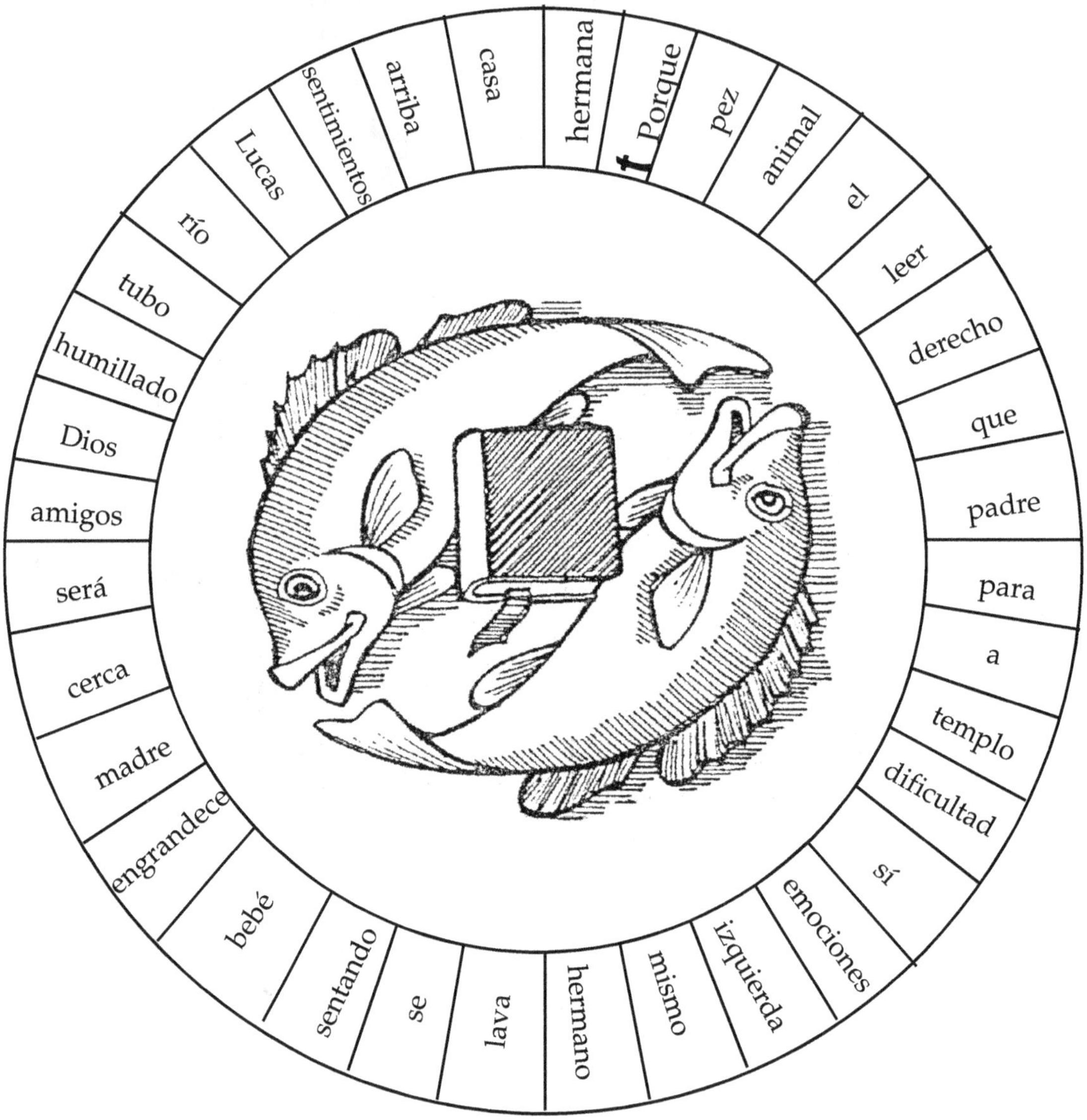

____ __ ____ __ ____

____ _ _____,

____ ____ .

(_____ 18:14)

Reproducible 10D

Cántico de

Señor, prepárame

Señor, prepárame
para ser santuario
puro y santo,
probado y fiel.
Dando gracias,
seré santuario,
un santuario para ti.

LETRA: John Thompson y Randy L. Scruggs; trad. por Diana Beach.
MÚSICA: John Thompson y Randy L. Scruggs.
© 1983 Full Armor/Whole Armor Music; trad. © 2007 Full Armor/Whole Armor Music, admin. por The Kruger Corporation.

La ofrenda de la viuda

Entra a la ZONA

Versículo bíblico
El que me ofrece su gratitud, me honra.

Salmo 50:23

Historia bíblica
Lucas 21:1-4

En los tiempos y cultura del Nuevo Testamento, una mujer sin marido dependía económicamente de sus familiares o de la sociedad. No había manera de que ella generara su propio sustento. Frecuentemente Jesús exhortaba a que las personas fueran fieles sustentando a las viudas. Si usted lee los versículos anteriores a la historia de hoy (Lucas 20:46-47), notará como Jesús reprendió a los escribas por estar exhibiendo su fe, cuando por otro lado "les quitaban sus casas a las viudas". Ellos recibirían el mayor castigo.

Para poner en perspectiva el valor de la ofrenda de la viuda, piense que el denario era la moneda usada para pagar a un obrero por un día de trabajo. Un denario equivalía a 128 blancas [gr. lepton]. La viuda colocó dos blancas [gr. lepton] en el cofre de las ofrendas, lo que equivalía a 1/64 del salario diario de un jornalero.

Una persona cínica podría decir que la ofrenda de la viuda no tenía ningún valor. Cuando alguien tiene tan poco, y se desprende de ese poco, no tiene gran impacto. ¿Podría comprar con esas monedas algo que mejorara su vida? Por otro lado, las ofrendas de los ricos podían tener un impacto significativo. Los ricos podían ser generosos. No hay manera de saber con certeza, pero es interesante imaginarnos en cuál de los cofres ponían sus ofrendas los ricos. Había una serie de cofres, cada uno para un propósito específico –madera para el fuego del altar, ofrendas, cuidado de los sacerdotes, mantenimiento del Templo.

Si hubiera habido un cofre designado para el cuidado de las viudas, la historia podría haber sido muy diferente. Pero a pesar de que a la viuda no se le estaba brindando ningún cuidado, cuando debería estarlo recibiendo, ella dio todo lo que tenía y terminó siendo más fiel que cualquier otra persona.

Si la adoración es el corazón de nuestra fe, las aportaciones monetarias son las manos y pies que ponen esa fe en movimiento. Los niños de cuarto, quinto y sexto grado pueden empezar a entender esto, si incorporamos la ofrenda monetaria como parte integra de nuestras vidas.

Alabamos y somos agradecidos a Dios con nuestras ofrendas.

Vistazo a la

ZONA	TIEMPO	MATERIALES	⊚ ACCESORIOS DE ZONA®
Acércate a la Zona			
Entra a la Zona	10 minutos	tocadiscos de discos compactos, página 174, mesa de celebración	disco compacto
Invite a sus estudiantes a ofrendar	5 minutos	plato de la ofrenda papel para señales y listas, lápices, tablero para carteles, canasta o caja, marcadores	ninguno
ZONA Bíblica®			
Encuentra el versículo	5 minutos	Reproducible 11D, lápices, Biblias	ninguno
Busca la Escritura	5 minutos	Reproducible 11B	ninguno
Disfruta la historia	10 minutos	Reproducible 11A	ninguno
Juega a un juego	5 minutos	páginas 172-173, dado, piezas para jugar (botones, objetos pequeños)	ninguno
Presupuesto y baloncesto	5 minutos	aro de baloncesto o bote grande de basura, papeles con detalles del presupuesto	pelota de playa inflable
Pastel [tora] de amabilidad en un frasco	10 minutos	Reproducible 11C, harina, cocoa, sal, azúcar, polvo de hornear, tazones, cucharas, cucharas y tazas medidoras, frascos de un litro con tapas, retazos de tela, tijeras, ligas, listón	ninguno
ZONA de Vida			
Alabanza y oración	10 minutos	Reproducibles 1E y 11E tocadiscos de discos	pelota graciosa mochila de colores disco compacto

⊚ Los Accesorios de Zona® se encuentran en el Paquete de **DIVERinspiración®**.

PRIMARIOS MAYORES: LECCIÓN 11

Acércate a la ZONA

Escoja una o más actividades para capturar el interés de sus estudiantes.

Materiales:
tocadiscos de discos compactos
página 174
mesa de celebración
plato de la ofrenda

Accesorios de Zona®:
disco compacto

Entra a la Zona

Tenga "Cantaré" **(cántico 15 del disco compacto)** tocando mientras sus estudiantes entran al aula. Salúdeles con una sonrisa.

Diga: ¡Bienvenidos a la Zona Bíblica! Estoy feliz de que estén aquí. ¡Éste es un lugar divertido donde llegaremos a conocer la Biblia!

Si sus estudiantes no se conocen, déles las etiquetas para que escriban sus nombres (página 174). La letra de "Cantaré" es muy sencilla, así que invíteles a cantar con usted.

Pida a un o a una estudiante, que haya llegado temprano, que le ayude a preparar la mesa de celebración con la tela verde, la vela y la Biblia. Junto a la vela coloque el plato de la ofrenda.

Pida a un alumno que se prepare para leer la oración final en su tiempo de alabanza y oración (ver la página 138).

Materiales:
papel para señales y listas
lápices
marcadores
tablero para carteles
canasta o caja

Accesorios de Zona®:
ninguno

Invite a sus estudiantes a ofrendar

Antes de comenzar la sesión, monte cuatro estaciones en una mesa cerca de la puerta. Cuando lleguen, invíteles a visitar cada uno de los cuatro puntos en la mesa y que sigan las instrucciones.

Coloque un lápiz y una hoja de papel para hacer una lista de oraciones en la mesa. En la hoja de instrucciones escriba: "Honramos a Dios con nuestras oraciones. Escriba cualquier preocupación o acción de gracia por la que podamos orar hoy".

Coloque una hoja para anotar nombres o la lista de la clase, si tiene una. En la hoja de instrucciones escriba: "Honramos a Dios con nuestra presencia. Escribe tu nombre en la hoja de papel y da gracias a Dios que pudiste venir hoy".

Materiales:
etiqueta redonda, de color, o cinta adhesiva
círculo cortado de papel de construcción de cualquier color

Coloque una canasta o caja cerca de la mesa. En la hoja de instrucciones escriba: "Honramos a Dios con nuestra generosidad. Coloca las latas de comida que trajiste en la canasta y da gracias a Dios que tienes algo que compartir con otros".

Coloque un cartel grande en la mesa con marcadores y las siguientes instrucciones en una hoja de papel: "Honramos a Dios con nuestro servicio. Dibuja una ilustración de algo que hiciste para ayudar a otra persona esta semana".

Escoja una o más actividades para sumergir a sus estudiantes en la historia bíblica.

Busca el versículo

Dé a sus estudiantes copias del **Reproducible 11D** y lápices. Ellos y ellas buscarán el versículo en la Biblia y después lo encerrarán en un círculo en la sopa de letras de la página. El versículo puede encontrarse cinco veces entre las letras.

Materiales:
Reproducible 11D
lápices
Biblias

Accesorios de Zona®:
ninguno

Busca la Escritura

Antes de la clase, fotocopie y separe las referencias de la Escritura **(Reproducible 11B)**.

Pida a cada estudiante que encuentre uno de los pasajes de la Escritura. Si su clase es pequeña, cada estudiante puede leer el pasaje antes de la historia.

Mientras se reúnen para la historia, **diga: Todos han encontrado en la Escritura acerca de la responsabilidad que tenemos de regalar algo de lo que Dios nos ha dado.**

Materiales:
Reproducible 11B

Accesorios de Zona®:
ninguno

Disfruta la historia

Reparta el **Reproducible 11A** y lean la historia una vez juntos, experimentando con el ritmo. Después léanla varias veces, estableciendo el ritmo entre todos.

Materiales:
Reproducible 11A

Accesorios de Zona®:
ninguno

Juega a un juego

Haga que los estudiantes tomen turnos con el dado y moviendo sus piezas en el tablero. Cuando caigan en una ilustración, deberán decir que acción de alabanza o acción de gracias a Dios se está llevando a cabo en la figura. Cuando los niños caigan en un espacio en blanco, deberán decir algo que no alaba o da gracias a Dios.

Materiales:
páginas 172-173
piezas de juego
  (botones, objeto
  pequeños)
un dado

Accesorios de Zona®:
ninguno

PRIMARIOS MAYORES: LECCIÓN 11

Historia de la Zona Bíblica

Ella lo dio todo

por Delia Halverson

basada en Lucas 21:1-14

Una vez Jesús y sus amigos estaban sentados en el Templo, mirando a la gente pasar. Y mientras miraban un hombre se acercó, alguien con mucho dinero, caminando con su cabeza en alto.

Él se paró enfrente del cofre y vació sus bolsillos, escuchando el sonido del oro caer. Otros hicieron lo mismo que él, presumiendo de sus grandes ofrendas, asegurándose que se corriera la voz.

Ellos tenían mucho dinero, más que otra gente, y no mostraban ninguna modestia. Mientras Jesús miraba a los hombres presumir sus fortunas, hizo un movimiento con su cabeza y suspiró.

También se acercó una mujer, con sus ropas hechas harapos, entremezclándose con la gente por la arena y el polvo; una viuda sin familia, que pedía limosna, con dos monedas en la mano.

Ella colocó las monedas discretamente, esperando que nadie se diera cuenta, y se dio la vuelta y se retiró. Pero Jesús dijo, "¡Esta mujer –viuda, pobre y humilde- dio la ofrenda más grande hoy!"

"Los otros dieron lo que les sobraba, lo que claramente no necesitaban. No les hará falta para nada. Esta sencilla mujer, ofreció todo lo que tenía".
¡Fue la más agradable al Señor!

Reproducible 11A

Permiso de fotocopiado otorgado para uso de la iglesia local. © 2007 Abingdon Press.

Salmo 8:6

Salmo 24:1

Hageo 2:8

Mateo 6:24

Marcos 16:15

Lucas 16:13

Filipenses 2:13

1 Juan 3:17

1 Juan 4:7-8

1 Pedro 4:10

Santiago 2:15-16

Reproducible 11B

Pastel de bondad en un frasco

Somos bondadosos cuando hacemos un regalo. Coloca en capas los ingredientes para el pastel de amabilidad en un frasco y obséquialo a alguien.

1. Mezcla ⅔ de taza de cocoa en polvo, ½ cucharadita de sal, y 1½ cucharadita de polvo de hornear con 2 tazas de harina.

2. Mide y separa 1⅓ tazas de azúcar.

3. En un frasco con capacidad de un litro, con una cuchara, alterna capas de la mezcla de harina y azúcar. Puedes golpear ligeramente el frasco en una superficie suave para asentar los ingredientes y que quepan bien en el frasco.

4. Recorta un círculo de 10 pulgadas de diámetro de un retazo de tela y céntralo sobre la tapa, asegurándolo con una liga. Amarra un listón alrededor de la tapa para cubrir la liga.

5. Recorta las instrucciones de abajo y pégalas en una tarjeta de papel de construcción. Decora la tarjeta y amárrala al listón.

Pastel de amabilidad

Este es un pastel de amabilidad, porque tú eres especial para mí. Puedes mezclar el pastel en el recipiente que usarás para hornearlo.

Engrasa un recipiente para hornear de 9 por 13 pulgadas y vacía en el recipiente los ingredientes del frasco. En seguida agrega los siguientes ingredientes:

¾ de taza de aceite vegetal
2 cucharaditas de vinagre
1 cucharadita de vainilla
2 tazas de agua

Incorpora todo, usando un batidor de alambre o un tenedor. Asegúrate de que todos los ingredientes se mezclen completamente. Hornea a 350 grados por 35 minutos. Si quieres, decóralo con escarchado, o sírvelo con fruta fresca a un lado.

Reproducible 11C — *Zona Bíblica*

Permiso de fotocopiado otorgado para uso de la iglesia local. © 2007 Abingdon Press.

Escoja una o más actividades para sumergir a sus estudiantes en la historia bíblica.

Presupuesto y baloncesto

Con tiempo de anticipación, consiga una copia del presupuesto de su iglesia y escriba cada categoría del presupuesto en un pedazo de papel. Si no puede conseguir el presupuesto, use las categorías listadas abajo.

Monte un aro de baloncesto o un bote grande de basura en una mesa como el punto de anotación. Marque una línea para comenzar. Divida a la clase en parejas. Las parejas se pararán lado a lado y amarrarán las piernas de en medio. Tire una moneda al aire para determinar quien irá primero. El equipo que comience tratará de encestar con la **pelota de playa**. Si un equipo hace un tiro y mete una canasta, cada equipo tratará de hacer el mismo tiro. Si encestan, tomarán una categoría del presupuesto que han "liquidado" o terminado de pagar. Leerán la categoría a la clase y explicarán lo que cubre. En el siguiente turno, pueden inventar otro tiro si quieren. El objeto del juego es que toda la clase se encargue de pagar todo el presupuesto.

Sugerencias para las categorías del presupuesto: ofrenda misionera, dinero para una organización nacional de la iglesia (incluyendo salarios para personal de la denominación, retiro, hospitalización, misiones), servicios públicos como agua, electricidad y gas, utensilios de limpieza, materiales de oficina, salario del pastor, otros salarios, seguro médico, prestaciones de retiro, materiales y programas de estudio para la escuela dominical, equipo del departamento de infantes, seguro, mantenimiento del edificio y reparaciones, materiales para la alabanza, escuela bíblica de vacaciones, campamento de verano, hipoteca.

Pastel de bondad en un frasco

Proteja las mesas y el piso, si es necesario, y prepare los ingredientes para el pastel de bondad en un frasco **(Reproducible 11C)**.

Si su tiempo es limitado, mezcle los ingredientes del pastel con anticipación y colóquelos en bolsas de plástico.

Reparta el **Reproducible 11C** y siga las instrucciones.

Materiales:
aro de baloncesto o un bote grande de basura
papeles con detalles del presupuesto

Accesorios de Zona®:
pelota de playa

Materiales:
ninguno

Accesorios de Zona®:
ninguno

Materiales:
Reproducible 11C
harina
cocoa
sal
azúcar
polvo de hornear
tazones
cucharas
cucharas y tazas medidoras
frascos de un litro con tapas
retazos de tela
tijeras
ligas
listón

Accesorios de Zona®:
ninguno

PRIMARIOS MAYORES: LECCIÓN 11

 de Vida

Escoja una o más actividades para que la Biblia cobre significado en la vida.

Materiales:
Reproducible 1E y 11E
tocadiscos de discos compactos
diccionario
mesa de celebración

Accesorios de Zona®:
pelota graciosa
mochila de colores
disco compacto

Alabanza y oración

Invite a la clase a la mesa de celebración para alabanza y oración, usando el cántico "Marchamos a Sión" **(Reproducible 1E; disco compacto, cántico 2)**. Encienda la vela e invíteles a considerar el color apropiado de la estación y a la flor en la mesa. Use la técnica de "Nudo pero uno habla" para guiar la discusión.

Haga las siguientes preguntas a sus estudiantes:
¿Por qué creen que tenemos un plato de ofrenda en la mesa de celebración?
¿Cuál es el significado de la palabra administrador? *(Puede pedirle a alguien que busque la palabra en el diccionario. Asegúrese que las definiciones incluyan a alguien que cuida la propiedad de otro).*
¿Qué significa cuando decimos que somos administradores de los regalos [dones] que Dios nos ha dado?
¿Cómo podemos ser administradores de los talentos o habilidades que tenemos?
¿Cómo podemos ser administradores del dinero que tenemos?

Revise las listas de las ofrendas que hicieron los alumnos cuando llegaron –oraciones, presencia, ofrendas, servicio. Use la técnica de "Nudo pero uno habla" para dar a sus estudiantes la oportunidad de compartir lo que escribieron. Tome un tiempo para orar por las necesidades expresadas en la lista de peticiones de oración.

Revise los votos de membresía de su iglesia, si incluyen oraciones, presencia, ofrendas y servicio tráigalos a la atención de los estudiantes.

Reparta el **Reproducible 11E** y canten el cántico "Dad gracias" **(cántico 13 del disco compacto)**.

Pida al estudiante que se preparó, que lea la siguiente oración:
"Dios nuestro, queremos darte gracias por todo lo que nos has dado. Nos hemos dado cuenta que debemos actuar como administradores de tus dones. Los cuidaremos y te los devolveremos al ser generosos con los demás. Amén".

Canten juntos "Shalom javerim" **(Reproducible 1E; cántico 3 del disco compacto)** para despedirse.

Haga un copia de Zona Casera® para cada estudiante.

 # Casera para estudiantes

ANIMALITOS CREATIVOS

Un paquete de 8 onzas de queso crema
½ taza de leche sin grasa
1 cucharada de miel
Galletas

Revuelve el queso crema, leche y miel en un tazón, mezclando hasta que se incorporen. Con las manos limpias, moldea diferentes animales con la mezcla y colócalos en una galleta. Comparte tus animalitos creativos con alguien.

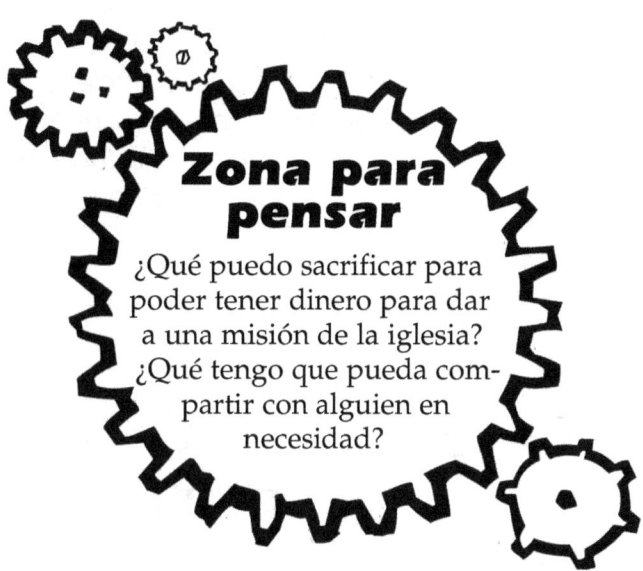

Zona para pensar

¿Qué puedo sacrificar para poder tener dinero para dar a una misión de la iglesia? ¿Qué tengo que pueda compartir con alguien en necesidad?

Mira como crece

Experimenta con batatas (amotes). Corta la parte redonda del extremo de dos batatas. (Cocina y comete el resto). Deja un extremo de las batatas que cortaste al aire libre, sin hacerle nada. Pon el otro pedazo, con el corte hacia abajo encima de piedritas en el fondo de un tazón. Pon agua en el tazón hasta que la parte de debajo de la batata toque el agua. Mantén el agua a este nivel en el tazón. Observa qué pasa cuando las hojas empiezan a crecer, primero son moradas y después cambian a verde. Observa qué pasa con la batata que dejaste sola. ¿Qué sucede? ¿Cómo se parece esto a compartir el amor de Dios con otros?

Versículo para memorizar

El que me ofrece su gratitud, me honra.

Salmo 50:23a

Alabamos y damos gracias a Dios con nuestras ofrendas.

Busca el versículo

En los tiempos de la Biblia se usaba la palabra sacrificio para muchas de sus ofrendas. Nosotros llamamos a lo que damos a Dios nuestra ofrenda, porque la devolvemos a Dios. Busca el Salmo 50:23 en la Biblia y después busca el versículo, con las palabras en orden, entre las letras de esta página. Encierra en un círculo el versículo cuando lo encuentres. Puedes encontrar el versículo cinco veces en esta página. Recuerda que las palabras pueden variar un poco dependiendo de la traducción de la Biblia que estés usando. Nosotros usamos la traducción Dios Habla Hoy *de la Biblia.*

```
G R A T I M E H O N R I T O
I T U D U S O E L Q U E M E
O F R E C E S U G R A T I T
U D M E H O N R A T U M E A
O F R E N D A G R A D U A F
H O N D O E L Q U E M E O F
R E C E S U G R A T I T U D
M E H O N R A G A L V A F E
E O F R E G A R R E L Q U E
M E O F R E C E S U G R A T
I T U D M E H O N R A S A T
G R A T I S H O N T R E S U
A M O E L Q U E M E O F R E
C E S U G R A T I T U D M E
H O N R A T D A T U D M E R
A E L Q U E M E O F R E C E
S U G R A T I T U D M E H O
N R A T E R M I N A D O A L
```

Reproducible 11D

Zona Bíblica

Permiso de fotocopiado otorgado para uso de la iglesia local. © 2007 Abingdon Press.

Cántico de

Dad gracias

Dad gracias de corazón.
Dad gracias al Santísimo.
Dad gracias porque ha dado
al Señor Jesús.

Dad gracias de corazón.
Dad gracias al Santísimo.
Dad gracias porque ha dado
al Señor Jesús.

Y ahora diga el débil,
fuerte soy.
Diga el pobre, rico soy
por lo que él hizo
en la cruz por mí.

Y ahora diga el débil,
fuerte soy.
Diga el pobre, rico soy
por lo que él hizo
en la cruz por mí.

Dad gracias.

LETRA: Henry Smith (Lucas 1:49-53); trad. por Marcos Witt, Juan Salinas, Luis Barrientos, Priscilla Eden, Lori Black Mathis.
MÚSICA: Henry Smith; arr. por Ken Barker.
© 1978 Integrity Music Inc.

Pedro y Juan en la puerta la Hermosa

Entra a la

Versículo bíblico

Jesucristo nos ha dado este mandamiento: que el que ama a Dios, ame también a su hermano.

1 Juan 4:21

Historia bíblica
Hechos 3:1-10

Un hombre cojo, Pedro y Juan, puerta del Templo "la Hermosa", una sanidad: ¿Estos elementos se encuentran para narrar una historia milagrosa, o hay algo más aquí?

La gente de fe es conocida por su generosidad, por lo que alrededor del Templo de Jerusalén había muchos mendigos. No tenía ninguna importancia, si las personas que iban a adorar daban limosna por lástima, gratitud o culpa. El hombre cojo en esta historia, como todos los otros, había aprendido que los fieles daban limosnas, y esto era conveniente para él.

No es probable que Pedro y Juan, pescadores galileos, fueran contados o reconocidos como devotos haciendo su aparición regular para orar en el Templo. Su presencia hace pensar al lector que algo inusual está a punto de pasar. Ese algo fue el principio de una cadena de eventos que creció rápidamente más allá que el milagro mismo.

Esta historia es acerca del poder del nombre de Jesús. "En el nombre de Jesucristo de Nazaret, levántate y camina" (verso 5) es seguido por la respuesta del concilio que exigía que Pedro y Juan "no podían, por ninguna razón, enseñar nada acerca del nombre de Jesús" (4:18). ¡Hay algo milagroso ocurriendo aquí, y hay que detenerlo!

El último renglón de la lectura de hoy lo dice todo: "No podían imaginar qué le había pasado al hombre" (3:10). Las piernas lisiadas de un hombre fueron sanadas, pero las mentes de los otros permanecieron lisiadas. El nombre de Jesús enderezó unas piernas, pero también había inquietado a la gente, así como puede pasar en la casa de Dios hoy día. Queremos que la gente sea agradecida, pero que no se exagere. Queremos que sean entusiastas, pero con recato. Oramos por sanidad, pero no buscamos que pase algo dramático. Amemos a Dios, amémonos unos a otros, pero mantengamos el control.

O no.

La gente de la iglesia ama y ayuda a otras personas.

Vistazo a la

ZONA	TIEMPO	MATERIALES	ACCESORIOS DE ZONA
Acércate a la Zona			
Entra a la Zona	10 minutos	tocadiscos de discos compactos, página 174, mesa de celebración serpentinas de papel crepé	disco compacto
A través del laberinto	5 minutos	Reproducible 12C, lápices	ninguno
ZONA Bíblica®			
Lee la historia de la Biblia	5 minuto	Biblias	ninguno
Disfruta la historia	5 minutos	tocadiscos de discos compactos, Transparencia 3, Reproducibles 12A-12B, serpentinas de papel crepé, proyector de transparencias	disco compacto
Experimentando enfermedades	5 minutos	cuatro bandas elásticas o tiras gruesas de tela	palos de *hockey* inflables pelotas de playa
Árbol de regalos	5 minutos	rama de árbol, cubeta, arena o rocas, papel de colores, lápices, limpiapipas	ninguno
Zona de Vida			
Escribe alabanzas	5 minutos	Reproducible 12D, lápices, marcadores de colores	ninguno
Alabanza y oración	10 minutos	Reproducibles 1E y 11E, tocadiscos de discos compactos, mesa de celebración, diccionario	pelota graciosa mochila de colores disco compacto

Los Accesorios de Zona® se encuentran en el Paquete de **DIVERinspiración®**.

PRIMARIOS MAYORES: LECCIÓN 12

Acércate a la

Escoja una o más actividades para capturar el interés de sus estudiantes.

Materiales:
tocadiscos de discos compactos
página 174
mesa de celebración
serpentinas de papel crepé de colores

Accesorios de Zona®:
disco compacto

Entra a la Zona

Tenga "Cantaré" **(cántico 15 del disco compacto)** tocando mientras sus estudiantes entran al salón de clases. Salude a cada uno con una sonrisa.

Diga: ¡Bienvenidos a la Zona Bíblica! Estoy feliz de que estén aquí. ¡Éste es un lugar divertido donde llegaremos a conocer la Biblia!

Si sus estudiantes no se conocen, déles las etiquetas para que escriban sus nombres (página 174). La letra de "Cantaré" es muy sencilla, así que invíteles a cantar con usted.

Pida a un o a una estudiante, que haya llegado temprano, que le ayude a preparar la mesa de celebración con la tela verde, la vela y la Biblia. Junto a la vela coloque las serpentinas de papel crepé de colores.

Pida a un alumno o a una alumna, que se prepare para leer la oración final en su tiempo de alabanza y oración (ver la página 150).

Materiales:
Reproducible 12C
lápices

Accesorios de Zona®:
ninguno

A través del laberinto

Fotocopie el laberinto **(Reproducible 12C)** antes de la clase.

Cuando sus estudiantes lleguen, reparta el laberinto y lápices. Pídales que lean la información de arriba y que busquen su camino a través del laberinto.

Escoja una o más actividades para sumergir a sus estudiantes en la historia bíblica.

Lee la historia de la Biblia

Reparta Biblias a sus estudiantes.

Pida a sus estudiantes que trabajen en parejas o en grupos de tres para buscar Hechos 3:1-10.

Después pida voluntarios para que cada uno lea un párrafo, para que toda la clase oiga la historia directamente de la Biblia.

Materiales:
Biblias

Accesorios de Zona®:
ninguno

Disfruta la historia

Reparta copias del cántico-historia "Salta, camina y alaba a Dios" **(Reproducibles 12A-12B)**. Proyecte la ilustración del Templo (**Transparencia 3**).

Asigne personas para que sean Pedro, Juan, el hombre cojo, y los amigos del hombre cojo (suficientes para que puedan cargarlo). Reparta las serpentinas de papel crepé de colores al resto de la clase.

Ponga el cántico "Salta, camina y alaba a Dios" **(cántico 14 del disco compacto)** La primera vez escúchelo completo. Póngalo nuevamente y anime a sus estudiantes a cantar.

Materiales:
Reproducibles 12A-12B
tocadiscos de discos compactos
Transparencia 3
serpentinas de papel crepé de colores
proyector de transparencias

Accesorios de Zona®:
disco compacto

PRIMARIOS MAYORES: LECCIÓN 12

Historia de la Zona Bíblica

Salta, camina y alaba a Dios

Coro:
Salta, camina y alaba a Dios.
Salta, camina y alaba a Dios.
Salta, camina y alaba a Dios.
Salta y alaba a Dios.

Al cojo en el Templo Pedro sanó.
Al cojo en el Templo Pedro sanó.
Al cojo en el Templo Pedro sanó,
y gloria daban a Dios.

Coro:
Salta, camina y alaba a Dios.
Salta, camina y alaba a Dios.
Salta, camina y alaba a Dios.
Salta y alaba a Dios.

El hombre alegre cantó y saltó.
El hombre alegre cantó y saltó.
El hombre alegre cantó y saltó
y alababa a Dios.

Coro:
Salta, camina y alaba a Dios.
Salta, camina y alaba a Dios.
Salta, camina y alaba a Dios.
Salta y alaba a Dios.

LETRA: Joyce Riffe; trad. por Carmen Saraí Pérez.
MÚSICA: Joyce Riffe.
© 1995 Cokesbury; trad. © 1996 Cokesbury, admin. por The Copyright Co., Nashville, TN 37212.

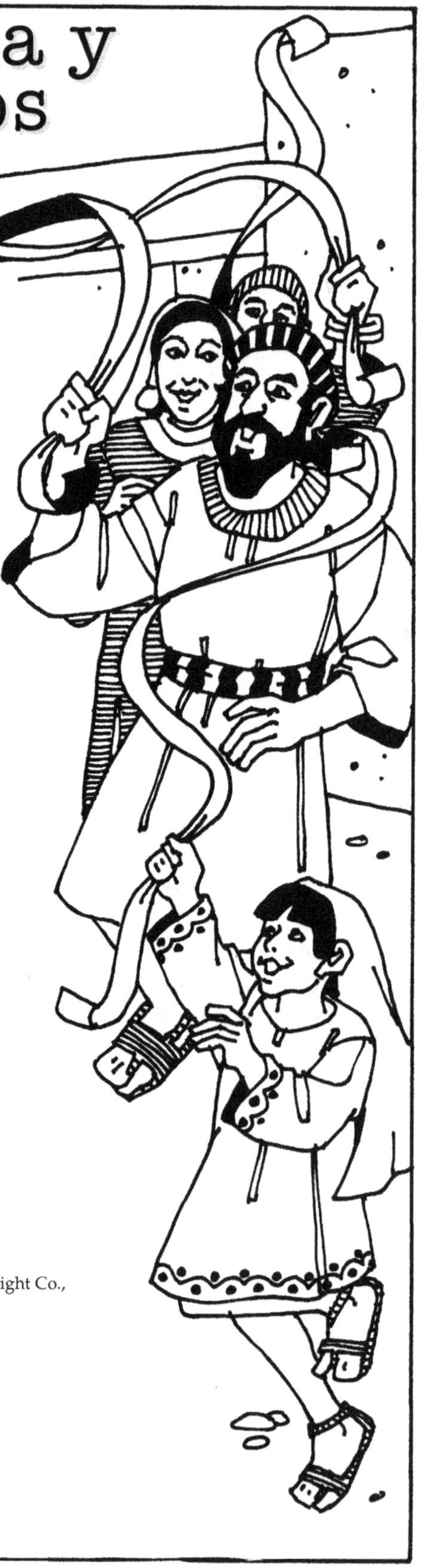

El cojo se puso en pie de un salto y comenzó a andar; luego entró con ellos en el templo, por su propio pie, brincando y alabando a Dios.
Hechos 3:8

Danzando de gozo

En Hechos 3:1-10 leemos acerca de un hombre a quien Pedro y Juan trajeron sanidad. Él estaba tan contento que fue al Templo a adorar a Dios. Ayuda al hombre a encontrar su camino entre la gente, hasta la entrada principal del Templo.

Escoja una o más actividades para sumergir a sus estudiantes en la historia bíblica.

Experimentando enfermedades

Diga: Para poder entender qué tan feliz estaba el hombre de nuestra historia por haber sido sanado, vamos a realizar un experimento. El hombre en la historia era cojo de nacimiento y no podía caminar, pero en este juego nos imaginaremos que estamos enfermos de las manos. Esto será un juego de relevos. Cada persona tendrá sus manos vendadas y usará un palo de hockey para pegarle a una pelota de playa y llevarla hasta el otro extremo del salón, darle vuelta a la silla y de regreso. Después la siguiente persona en el equipo hará lo mismo. El primer equipo que termine comenzará a gritar "Alabado sea Dios" y todos nos uniremos a ellos.

Marque la salida para los equipos y coloque una silla por equipo en el otro extremo del salón. La siguiente persona en el equipo ayudará al jugador o jugadora en turno a vendarse las manos.

Materiales:
4 bandas elásticas o tiras gruesas de tela

Accesorios de Zona®:
palos de hockey inflables
pelotas de playa

Árbol de regalos

Con tiempo anticipado, coloque la rama de un árbol sin hojas en una lata grande o cubeta llena de arena o rocas. Dé a cada estudiante varias piezas de papel de colores.

Diga: El hombre de la historia de hoy estaba atrapado. No solamente era incapaz de caminar, sino que estaba atrapado en su interior. Estaba, como decimos, estancado en la rutina. No había nada que distinguiera un día, mes o año del siguiente. La única cosa que esperaba de Pedro y Juan era una moneda o dos. Sólo quería sobrevivir. Pedro y Juan "liberaron" al hombre. Cuando terminaron con él, no solamente podía caminar, sino que también podía levantarse, ir al Templo, y alabar allí a Dios, quizás por vez primera. Le dieron un servicio completo, por dentro y por fuera. Hay cosas que podemos hacer para traer sanidad también a otros. Podemos dar de nuestro tiempo y ayudarles a hacer su vida más fácil y hacerles que se sientan mejor con ellos mismos y con el mundo. Vamos a escribir en estos papeles algunos regalos de tiempo que podemos dar. Después los doblaremos como acordeón y amarraremos por el medio con un limpiapipas. Entonces los colgaremos en nuestro árbol de regalos.

Materiales:
rama de árbol
bote grande o cubeta
arena o rocas
papel de colores
lápices
limpiapipas

Accesorios de Zona®:
ninguno

PRIMARIOS MAYORES: LECCIÓN 12

 de Vida

Escoja una o más actividades para que la Biblia cobre significado en la vida.

Materiales:
Reproducible 12D
lápices
marcadores de colores

Accesorios de Zona®:
ninguno

Escribe alabanzas

Reparta el **Reproducible 12D** y lápices. Pida a sus estudiantes que piensen en actos bondadosos que han experimentado y que los escriban en las serpentinas del dibujo. Pueden colorear el dibujo, si tienen tiempo.

Alabanza y oración

Invite a la clase a la mesa de celebración para alabanza y oración, usando el cántico "Marchamos a Sión" **(Reproducible 1E; disco compacto, cántico 2)**. Encienda la vela e invíteles a considerar el color apropiado de la estación y a las serpentinas en la mesa.

Use la técnica de "Nudo pero uno habla" para guiar la discusión de las siguientes preguntas:
¿Cómo se siente tener las manos atadas y tratar de pegarle así a la pelota con el palo de hockey?
¿Qué dificultades experimentarían si no pudieran mover sus piernas?
¿Cómo creen que se sintió el hombre de nuestra historia cuando fue sanado?
¿Por qué se imaginan que tenemos serpentinas en la mesa de celebración?

Materiales:
Reproducible 1E y 12E
tocadiscos de discos compactos
mesa de celebración

Accesorios de Zona®:
pelota graciosa
mochila de colores
disco compacto

Pida a sus estudiantes que traigan dos latas de aluminio vacías para la siguiente semana. Una debe ser un poco más grande que la otra, pero la pequeña debe caber dentro de la grande con espacio entre ellas de por lo menos un dedo. Las latas deben tener un extremo abierto. (Junte latas extras para tener a la mano en caso de que algún estudiante olvide traerlas o que haya alguien que no esté enterado).

Reparta el **Reproducible 12E** y canten juntos la canción "Todos alaben" **(cántico 7 del disco compacto)**. Use las serpentinas y los instrumentos que hicieron en la lección 2.

Pida al o a la estudiante que se preparó, que lea la siguiente oración: "Gracias Dios por cuidar de la gente. Gracias por el ejemplo de Pedro y Juan. Ayudanos a tratar bien a la gente y a ser agradecidos cuando alguien nos trata con bondad. Amén"

Canten juntos "Shalom javerim" **(Reproducible 1E; cántico 3 del disco compacto)** para despedirse.

Haga una copia de Zona Casera® para cada estudiante.

ZONA BÍBLICA

 # Casera para estudiantes

COLLAGE DE ALABANZA

Haz un collage de alabanza. Usa un pedazo de tablero para carteles o cartón como base. Escribe con letra de molde varias palabras de alabanza, como *gozo* y *hosanna*.

Decora el resto del cartel con papelitos de colores, recortes de revistas, botones viejos, pedazos de encaje, semillas, o cualquier cosa que encuentres en tu casa. (Evita usar comida. Recuerda que algunas personas no tienen suficiente para comer, y no queremos usar comida para nada que no sea para comer).

Exhibe tu collage en un lugar especial para recordarte de alabar a Dios.

Zona para pensar

¿Cuándo he olvidado alabar a Dios por algo bueno que me ha pasado?

Gelatina gozosa

1. Pon a hervir 2½ tazas de agua o jugo de manzana. (No añadirás agua fría).
2. Coloca el contenido de dos paquetes de 8 onzas de gelatina en un tazón y revuelve con el agua hirviendo. Continúa revolviendo por lo menos por tres minutos para que se disuelva bien.
3. Vacía a un recipiente de 13 por 9 pulgadas y refrigera por tres horas o hasta que esté firme.
4. Sumerge brevemente (por 10-15 segundos) el fondo del recipiente en agua tibia.
5. Corta en figuras o cuadros y sácalos del recipiente.

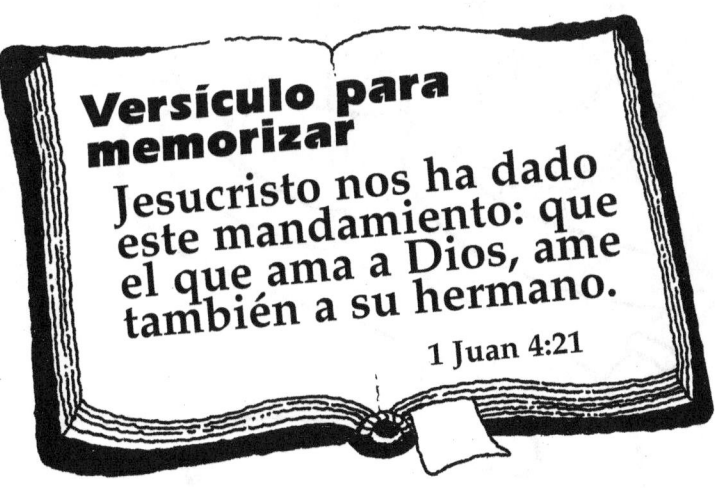

Versículo para memorizar

Jesucristo nos ha dado este mandamiento: que el que ama a Dios, ame también a su hermano.

1 Juan 4:21

La gente de la iglesia ama y ayuda a otras personas.

¡Alabado sea Dios!

En tiempos bíblicos la gente a menudo bailaba mientras adoraba a Dios. Escribe en las serpentinas actos de amabilidad que hayas visto esta semana.

Cántico de

Todos alaben

Todos alaben,
aleluya.
Alabemos al Señor.

Alabemos con la trompeta,
con el arpa y el laúd.
Con el pandero y con danza
alabemos al Señor.

Todos alaben,
aleluya.
Alabemos al Señor.

Alabemos en su santuario
por sus proezas y amor.
Por su misericordia
alabemos al Señor.

Todos alaben,
aleluya.
Alabemos al Señor.

Alabemos día y noche
en la tierra y en el mar.
Por toda su creación
alabemos al Señor.

Todos alaben,
aleluya.
Alabemos al Señor.

Alabemos al Señor.

LETRA: J. Jefferson Cleveland; trad. por Diana Beach.
MÚSICA: J. Jefferson Cleveland.
© 1981 J. Jefferson Cleveland; trad. © 2007 J. Jefferson Cleveland.

PRIMARIOS MAYORES: LECCIÓN 12   **Reproducible 12E**
Permiso de fotocopiado otorgado para uso de la iglesia local. © 2007 Abingdon Press.

Salmo 150

Entra a la

Versículo bíblico

¡Alabado sea el Señor! ¡Alaben a Dios en su santuario!

Salmo 150:1

Historia bíblica
Salmo 150

Este gran Salmo cierra el libro de los Salmos. Y es apropiado que lo usemos para cerrar nuestro estudio de adoración en la casa de Dios.

Note que el Salmo 150 no hace ninguna petición y tampoco menciona ningún beneficio. Es simplemente un canto de alabanza a Dios fresco y sin inhibiciones, que captura la esencia de un niño pequeño en medio del más maravilloso parque de recreo jamás creado, maravillándose en su espacio, corriendo gozoso de un juego a otro. Las únicas pausas son para abrazar con amor, gozo y agradecimiento a la persona que lo trajo a este maravilloso lugar.

La alabanza llena a toda la creación —el templo donde los seres humanos se reúnen para adorar, y los cielos donde los seres divinos hacen lo mismo. El versículo dos dice que la única respuesta posible que podemos darle a Dios por sus hechos maravillosos es la alabanza. No podemos enumerar las cosas que Dios ha hecho o describirlas apropiadamente. Sólo nos queda alabarle.

La alabanza surge como una explosión que proviene tanto de hombres como de mujeres. El pandero era considerado un "tambor de mano" de mujeres. La trompeta (cuerno de carnero), laúd y arpa (instrumentos de cuerda), y címbalos (percusiones) eran tocados generalmente por los levitas o sacerdotes. Esta es una celebración que incluye a todas y cada una de las criaturas vivientes. ¡Toma un respiro profundo y alaba!

Estudios recientes han mostrado que crecemos espiritualmente en maneras diferentes, dependiendo de nuestra personalidad. Aunque algunos de nosotros nos inclinamos hacia lo contemplativo o intelectual, de vez en cuando todos necesitamos intoxicarnos de la alabanza verdaderamente inhibida-la oportunidad de ver a Dios como lo máximo de lo máximo, lo más alto que nunca podremos imaginar, el principio y el fin, lo cercano y lejano, el espíritu que rodea todo lo que existe.

¡Y todo termina en un abrazo universal, de todo el universo, alabando al Señor!

Es bueno alabar a Dios.

Vistazo a la

ZONA	TIEMPO	MATERIALES	ACCESORIOS DE ZONA
Acércate a la Zona			
Entra a la Zona	10 minutos	tocadiscos de discos compactos, página 174, mesa de celebración	ninguno
Juego de pelota	5 minutos	instrumento musical Reproducible 13C, Biblias, lápices	ninguno
ZONA Bíblica®			
Disfruta la historia	5 minutos	Reproducibles 13A–13B, lápices, pizarrón, tiza	ninguno
Tira el versículo bíblico	5 minutos	pizarrón u hoja grande de papel, tiza o marcador	pelotas de goma, pelotas graciosas, pelotas brillantes
¡Al fin libres!	5 minutos	cinta adhesiva venda para los ojos	ninguno
Canción y Escritura	5 minutos	Reproducible 13E, tocadiscos de discos compactos	disco compacto
Zona de Vida			
Campanillas de adoración	5 minutos	Reproducible 13D, clavo grande, latas de aluminio, cordón grueso, martillo, cinta adhesiva de colores y/o pintura acrílica y brochas, papel u otro material para proteger la superficie de trabajo	ninguno
Alabanza y oración	10 minutos	Reproducible 1E y 13E, tocadiscos, mesa de celebración, Transparencia 3, proyector de transparencias	disco compacto

◎ Los Accesorios de Zona® se encuentran en el Paquete de **DIVERinspiración®**.

PRIMARIOS MAYORES: LECCIÓN 13

Acércate a la Zona

Escoja una o más actividades para capturar el interés de sus estudiantes.

Materiales:
tocadiscos de discos compactos
página 174
mesa de celebración
instrumento musical

Accesorios de Zona®:
disco compacto

Entra a la Zona

Tenga "Cantaré" **(cántico 15 del disco compacto)** tocando mientras los estudiantes entran al salón de clases. Salude a cada uno con una sonrisa.

Diga: ¡Bienvenidos a la Zona Bíblica! Estoy feliz de que estén aquí. ¡Éste es un lugar divertido donde llegaremos a conocer la Biblia!

Si sus estudiantes no se conocen, déles las etiquetas para que escriban sus nombres (página 174). La letra de "Cantaré" es muy sencilla, así que invíteles a cantar con usted.

Pida a algún o a alguna estudiante que haya llegado temprano que le ayude a preparar la mesa de celebración con la tela verde, la vela y la Biblia. Junto a la vela coloque el instrumento musical.

Pida a un alumno que se prepare para leer la oración final en su tiempo de alabanza y oración (ver la página 162).

Materiales:
Reproducible 13C
Biblias
lápices

Accesorios de Zona®:
ninguno

¡Juega a la pelota!

Fotocopie el versículo bíblico en el buscapalabras **(Reproducible 13C)** antes de la clase.

Según lleguen sus estudiantes, entréguees una copia del versículo bíblico en el buscapalabras, junto con una Biblia y un lápiz.

Repase las instrucciones y sugiera que busquen el versículo en la Biblia para que puedan descifrar las palabras más fácilmente.

Escoja una o más actividades para sumergir a sus estudiantes en la historia bíblica.

Disfruta la historia

Entregue a cada estudiante copias de los **Reproducibles 13A-13B** y un lápiz. Lean el salmo juntos. Después pídales que mencionen las palabras que les vengan a la mente, relacionadas con gozo y felicidad, para que usted las escriba en el pizarrón o en la hoja de papel. Revise los diferentes tipos de salmos que se sugieren en la segunda página. Pida a sus estudiantes que trabajen en parejas o en grupos de tres y que hagan salmos diferentes, usando los espacios provistos en el reproducible. Sugiera que usen algunas de las palabras que acaba de escribir en el pizarrón o papel. Guarde los salmos para la hora de alabanza y oración.

Materiales:
Reproducibles 13A-13B
lápices
pizarrón u hoja grande de papel
tiza o marcador

Accesorios de Zona®:
ninguno

Tira el versículo bíblico

Con anticipación, escriba lo siguiente en el pizarrón o en la hoja grande de papel:

¡Alabado sea el Señor! (pausa) ¡Alaben a Dios en su santuario!
    1   2   3   4   1   2   3   4

Diga: Vamos a aprender el versículo bíblico de hoy tirando con nuestras manos una pelota de un lado para el otro a la cuenta de (1, 2, 3, 4). Primero vamos a leer juntos el versículo siguiendo el ritmo, y después le daré a cada uno una pelota de goma. Mientras digamos el versículo varias veces, ustedes tirarán la pelota de una mano a la otra siguiendo el compás.

Entregue una **pelota de goma, graciosa o brillante a cada estudiante**. Haga que le digan el versículo con ritmo mientras pasan la pelota de una mano a la otra en cada compás. Después pídales que formen un círculo grande con sus brazos abiertos y tocándose los dedos. Necesitarán un número par, así que métase al círculo si hay un número impar. Pida que se enumeren del uno al dos.

Diga: Unos, volteen y miren hacia fuera con las pelotas en sus manos izquierdas. Dos, miren hacia adentro con las pelotas en sus manos derechas. En cada compás van a girar y a poner la pelota en la mano de la persona del lado al mismo tiempo que reciben la pelota de la persona del lado contrario. Vamos a practicar primero solamente con el conteo 1, 2, 3, 4. Ahora diremos el versículo junto con el ritmo y movimiento.

Materiales:
pizarrón
hoja grande de papel
tiza o marcador

Accesorios de Zona®:
pelotas de goma
pelotas graciosas
pelotas brillantes

PRIMARIOS MAYORES: LECCIÓN 13

Historia de la Zona Bíblica

El Señor es bueno con su pueblo
(Salmo 150)

¡Alabado sea el Señor!
¡Alaben a Dios en su santuario!
¡Alábenlo en la majestuosa bóveda celeste!
¡Alábenlo por sus hechos poderosos!
¡Alábenlo por su grandeza infinita!

¡Alábenlo con toques de trompeta!
¡Alábenlo con arpa y salterio!
¡Alábenlo danzando al son de panderos!
¡Alábenlo con flautas e instrumentos de cuerda!
¡Alábenlo con platillos sonoros!
¡Alábenlo con platillos vibrantes!
¡Que todo lo que respira alabe al Señor!
¡Alabado sea el Señor!

Reproducible 13A

Escribe tus propios salmos

Los salmos son hechos en forma poética. No nos damos cuenta porque fueron escritos originalmente *en el idioma hebreo*. *Intenta escribir tus propios salmos de alabanza en estas diferentes formas.*

Salmo de repetición

Un salmo de repetición tiene una palabra que se repite frecuentemente en el salmo.

_____
_____
_____
_____
_____
_____

Salmo en acróstico

En un salmo en forma de acróstico, la primera letra de cada renglón, cuando se lee de arriba abajo forma una palabra.

_____
_____
_____
_____
_____
_____
_____

Quinteto

Esta forma poética tiene cinco renglones

Renglón: Título o sujeto de una palabra.
Renglón 2: Dos palabras o una frase que dice algo del sujeto con dos palabras.
Renglón 3: Tres verbos o palabras que terminen en "endo" o "ando" o una frase acerca del sujeto.
Renglón 4: Cuatro palabras o una frase de cuatro palabras que digan algo que sentimos por el sujeto.
Renglón 5: La palabra del sujeto nuevamente, u otra palabra que signifique lo mismo. O escribe *Amén* aquí.

_____
_____
_____
_____
_____

PRIMARIOS MAYORES: LECCIÓN 13 **Reproducible 13B**

Permiso de fotocopiado otorgado para uso de la iglesia local. © 2007 Abingdon Press.

¡Juega a la pelota!

¡La alabanza a Dios es apropiada en cualquier momento! El Salmo 150 es como encontrar el mejor parque de recreo que se haya hecho jamás y correr gozosos de un juego al otro, sólo parando para abrazar a alguien con amor y gozo.

Direcciones:

1. Descifra las palabras entre el plato de llegada y la primera base y colócalas en orden en las líneas. ¡Llegaste a primera! Grita de alegría.
2. Descifra las palabras entre primera y segunda base. ¡Llegaste a la segunda! Grita de alegría.
3. Descifra las palabras entre segunda y tercera base. ¡Te barriste a tercera! Grita de alegría.
4. Descifra las palabras entre tercera base y el plato de llegada. ¡Hiciste una carrera! ¡Acepta las felicitaciones de tus compañeros de equipo!

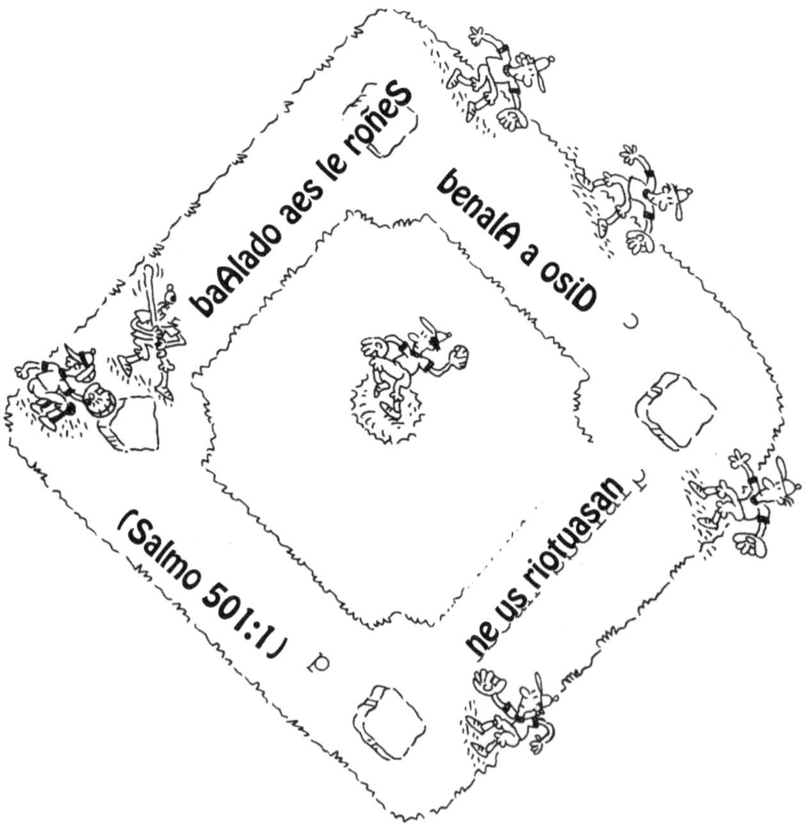

(Baseball diamond with scrambled phrases:)
- baAlado aes le roñeS
- benalA a osiD
- ne us riotuasan
- (Salmo 50l:1)

¡_____ _____ ____ _____!

_____ ___ _____ _____.

(_____ _____)

Reproducible 13C

Permiso de fotocopiado otorgado para uso de la iglesia local. © 2007 Abingdon Press.

Zona Bíblica

Escoja una o más actividades para sumergir a sus estudiantes en la historia bíblica.

¡Al fin libres!

Diga: Los hebreos generalmente usaban salmos para alabar a Dios después de pasar por una experiencia traumática. Sentían que Dios les había ayudado a través de los tiempos difíciles, así que querían alabarle por esa ayuda. Finalmente se sentían libres. Vamos a jugar un juego en donde algunos de ustedes ayudarán a otros a ser libres.

Marque el área designada para el campo de juego con cinta adhesiva opaca, dejando lugar afuera para que algunos observen parados. Haga que todos se pongan de pie dentro del campo de juego. Pida un voluntario para que sea el que "las trae" y se ponga una venda en los ojos. Divida a sus estudiantes en grupos de tres. Dé a cada trío una venda para los ojos. A una persona en cada trío se le taparán los ojos con la venda, y los otros dos se tomarán de las manos uno enfrente de otro, con el compañero de los ojos vendados en medio de sus brazos.

Diga: Aunque el que "las trae" tiene los ojos vendados, él, o ella, ha sido liberado y tratará de liberar a las otras personas con los ojos vendados. Los que están encerrando a alguien con las manos agarradas tratarán de guiar a la persona vendada fuera del alcance del que "las trae". Una vez que son tocados, deben dejar ir a la persona cautiva y moverse hacia fuera del campo de juego. La persona que fue liberada ayudará al que "las trae" a liberar a los demás. Si alguien que no puede ver se desvía hacia fuera del área de juego, quienes estén cerca pueden guiarlos con cuidado de regreso al área de juego.

Cuando comience el juego, puede darle vueltas al que "las trae" para desorientarlo. Cuando todos estén libres, pueden jugar otra vez hasta que todos hayan tenido la oportunidad de liberar a alguien. Después del juego, use la técnica de "Nudo pero uno habla" para discutir sus impresiones.

Haga las siguientes preguntas a sus estudiantes:

**¿Qué se sentía estar atrapado entre los brazos de alguien y no ser capaz de ir a donde querían ir? ¿Cómo se siente ser liberado?
Cuando fueron liberados, ¿qué sintieron hacia la persona que los ayudó a ser libres?**

Canción y Escritura

Reparta el **Reproducible 13E** y aprendan el cántico "Todos alaben" **(cántico 7 del disco compacto)**. Reparta Biblias y pida a sus estudiantes que busquen el Salmo 150 y que comparen esas palabras de la Biblia con las palabras del cántico. Canten juntos.

Materiales:
venda para los ojos
cinta adhesiva opaca
 (masking tape)

Accesorios de Zona®:
ninguno

Materiales:
Reproducible 13E
tocadiscos de discos
 compactos
discos compactos

Accesorios de Zona®:
disco compacto

PRIMARIOS MAYORES: LECCIÓN 13

 de Vida

Escoja una o más actividades para que la Biblia cobre significado en la vida.

Materiales:
Reproducible 13D
clavo grande
latas de aluminio
cordón grueso
martillo
cinta adhesiva de colores
pintura acrílica
brochas
papel u otro material para proteger la superficie de trabajo

Accesorios de Zona®:
ninguno

Materiales:
Reproducible 1E y 13E
tocadiscos de discos compactos
Transparencia 3
proyector de transparencias
mesa de celebración

Accesorios de Zona®:
disco compacto

Campanillas de adoración

Decida con anticipación si sus estudiantes habrán de pintar las latas, o sólo usarán cinta adhesiva de colores para escribir la palabra *aleluya* en las latas.

Diga: En tiempos bíblicos, la gente alababa a Dios con instrumentos. ¿Cuáles instrumentos usamos hoy para alabar a Dios (*piano, guitarra, órgano, cornetas, saxofón, flauta, violín, campanas de mano, campanillas*). **Vamos a hacer campanillas de adoración sencillas. Las usaremos en nuestro servicio de adoración final, pueden llevarlas a casa y colgarlas para que cuando el viento las mueva, recuerden a alabar a Dios.**

Extienda los materiales en la mesa, proteja la superficie de trabajo, reparta el **Reproducible 13D** y verifique que todos entiendan las instrucciones.

Alabanza y oración

Invite a la clase a la mesa de celebración para alabanza y oración, use el cántico "Marchamos a Sión" **(Reproducible 1E; cántico 2)**. Encienda la vela e invíteles a considerar el color apropiado de la estación y el instrumento en la mesa.

Pregunte: ¿Por qué se imaginan que tenemos un instrumento en la mesa de celebración?

Proyecte el Templo en la pared **(Transparencia 3)**.

Diga: En la época de Jesús, cantaban y usaban instrumentos y movimientos cuando venían al Templo. ¿Qué tipo de movimientos quedan bien con el cántico que hemos cantado hace unos momentos?

Canten "Todo alaben" **(cántico 7, Reproducible 13E)**. Anime a sus estudiantes a usar movimientos que expresen júbilo mientras cantan en frente de la transparencia del Templo. Pueden usar las campanillas que hicieron. Pida al estudiante que se preparó que lea la oración: "Dios nuestro, te adoramos con cantos y danzas. Estamos contentos por lo que haces por nosotros y no podemos hacer más que adorarte. Amén".

Canten juntos "Shalom javerim" **(Reproducible 1E; cántico 3 del disco compacto)** para despedirse.

Haga una copia de Zona Casera® para cada estudiante.

ZONA BÍBLICA®

 # Casera para estudiantes

VASOS QUE ALABAN

Protege la superficie de trabajo con periódicos y acomoda una fila de vasos en una mesa. No tienen que ser todos iguales. Llena los vasos con agua hasta la mitad. Pon una pequeña cantidad de vinagre en un tazón y colocalo cerca de los vasos.

Lava tus manos con agua para remover la grasa que puedas tener. Empapa un dedo con vinagre y pásalo ligeramente en la orilla de un vaso. Al variar la velocidad y la presión, los vasos cantarán alabanzas. Si cambias el nivel de agua de los vasos cambiará también el sonido. Si golpeas los vasos con lápices, también harás diferentes sonidos.

Zona para pensar

¿De qué diferentes maneras puedo alabar a Dios cada día? ¿Cómo puedo compartir mi alabanza con otras personas?

Versículo para memorizar

¡Alabado sea el Señor! ¡Alaben a Dios en su santuario!

Salmo 150:1

Ponche de alabanza

½ taza de azúcar
½ taza agua
2 tazas de jugo de arándano (o jugo de arándano con manzana)
1 taza de jugo de naranja
1 taza de jugo de piña sin azúcar
⅔ taza de jugo de limón
1 botella de 2 litros de refresco de jengibre "ginger ale"
Arándanos y rebanadas de limón (opcional)

Con tiempo anticipado, coloca el azúcar y agua en una olla a cocer sobre calor mediano, revolviendo hasta que se disuelva el azúcar. Coloca esta mezcla en un pequeño tazón o una taza medidora y enfría por una hora. Refrigera el resto de los ingredientes.

En un tazón grande o una jarra (con capacidad para 14 tazas), revuelve los jugos, el refresco de jengibre "ginger ale" y la mezcla de azúcar y agua. Puedes agregar también las rebanadas de limón y arándanos.

Es bueno alabar a Dios.

Campanillas de adoración

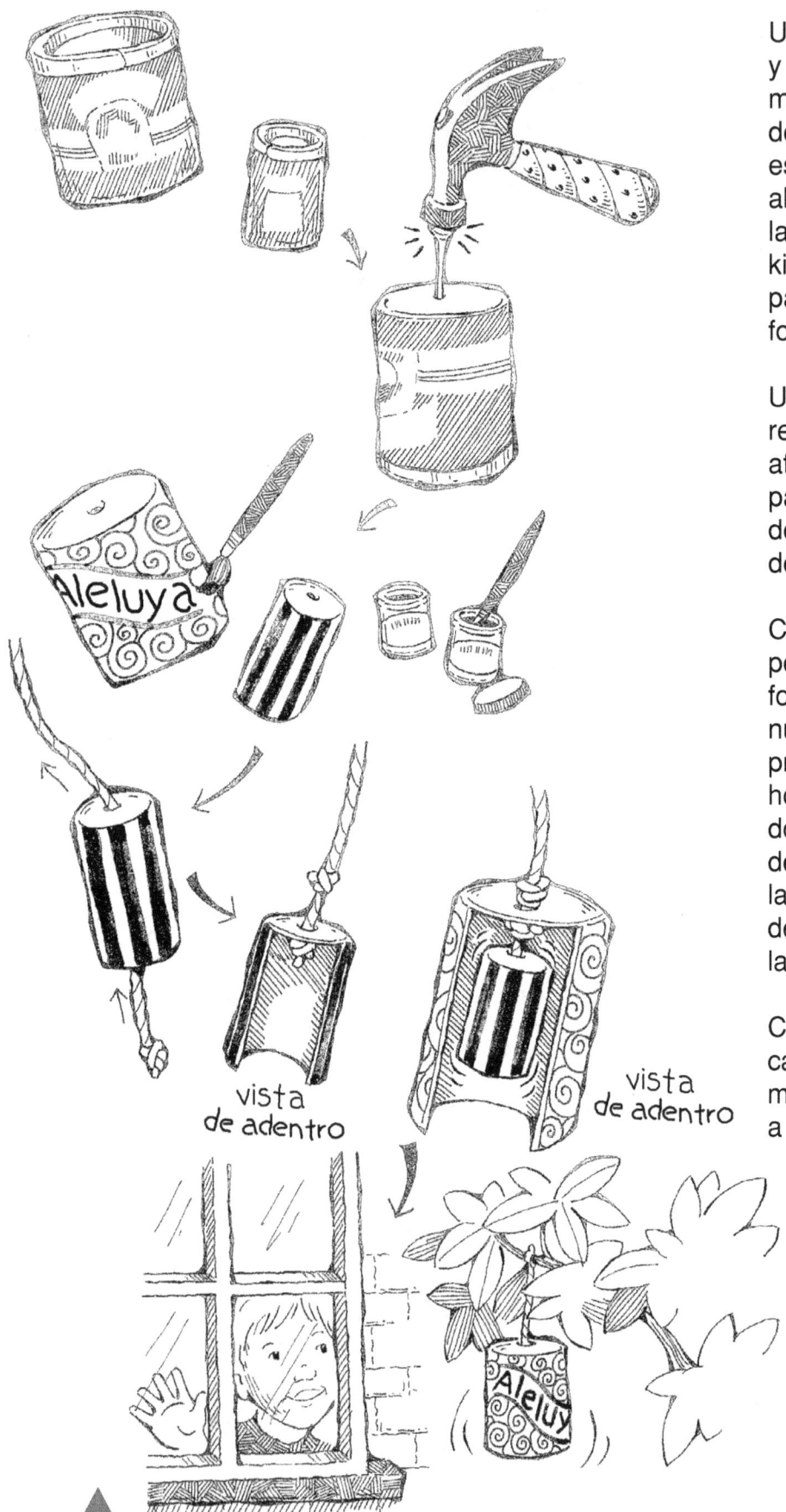

Usa dos latas de aluminio, una grande y una pequeña que quepa y pueda moverse libremente dentro de la grande. Si no se ha hecho antes y la lata esta cerrada, quita una tapa con un abrelatas. Envuelve la orilla de ambas latas con cinta adhesiva opaca ("masking tape"). Usa un martillo y un clavo para hacer un hoyo en el centro del fondo de cada lata.

Usa pintura acrílica de diferentes colores para pintar las latas. En la parte de afuera de la lata grande escribe la palabra *Aleluya*, o usa cinta adhesiva de colores para escribir la palabra y deja las latas sin pintar.

Cuando la pintura se seque, pasa un pedazo de cordón fuerte a través del fondo de la lata pequeña y haz un nudo grande o coloca un botón para prevenir que el cordón se salga del hoyo. Atraviesa el otro extremo del cordón a través del hoyo de la lata grande. Hala el cordón de manera que la lata pequeña quede dentro de la grande. Haz un nudo grande encima de la lata para mantenerla en su lugar.

Cuelga las campanillas fuera de tu casa para que cuando el viento las mueva, te recuerden que debes alabar a Dios donde quiera que te encuentres.

Cántico de

Todos alaben

Todos alaben,
aleluya.
Alabemos al Señor.

Alabemos con la trompeta,
con el arpa y el laúd.
Con el pandero y con danza
alabemos al Señor.

Todos alaben,
aleluya.
Alabemos al Señor.

Alabemos en su santuario
por sus proezas y amor.
Por su misericordia
alabemos al Señor.

Todos alaben,
aleluya.
Alabemos al Señor.

Alabemos día y noche
en la tierra y en el mar.
Por toda su creación
alabemos al Señor.

Todos alaben,
aleluya.
Alabemos al Señor.

Alabemos al Señor.

LETRA: J. Jefferson Cleveland; trad. por Diana Beach.
MÚSICA: J. Jefferson Cleveland.
© 1981 J. Jefferson Cleveland; trad. © 2007 J. Jefferson Cleveland.

 de Comida

Mentas para ti, mentas para mí

Pida a sus estudiantes que se laven las manos. En un tazón grande, permita que midan y mezclen 4 tazas de azúcar en polvo, ⅔ de leche condensada y ½ cucharadita de extracto de menta. Cuando los ingredientes estén incorporados, desparrame en unos pedazos de papel encerado la misma cantidad para cada estudiante.

Deje que los alumnos que quieran añadan una o dos gotas de colorante vegetal a la mezcla de menta, y amasen la mezcla hasta que se suavice.

Dé a cada estudiante una bolsa de plástico. Pídales que coloquen la mezcla de menta dentro de la bolsa para llevarse a casa.

Para terminar las mentas en casa, pida que hagan bolitas de una pulgada de diámetro aproximadamente y que las coloquen en papel encerado. Después que aplasten cada una con un tenedor.

Una vez que las mentas se dejen secar toda la noche, sugiérales que se queden unas y que repartan las demás a alguien.

Galletas rayadas

Deje que sus estudiantes le ayuden a mezclar su receta favorita de galletas de azúcar, o compre un tubo de galletas de azúcar listas para rebanar y hornear.

Divida la masa en cuatro porciones iguales. Pida a sus estudiantes que añadan colorante vegetal rojo, amarillo, azul y verde a cada porción, manteniendo las porciones separadas. Instruya a que amasen hasta que se mezcle bien el color. (Probablemente necesitarán enharinarse las manos, si la masa está muy pegajosa).

Estire cada porción de color, como un ladrillo grueso. Enseñe como aplanar cada ladrillo y colóquelos lado a lado, sin dejar espacio entre uno y otro.

Usando un cuchillo afilado, corte a través de los ladrillos cada dos pulgadas aproximadamente, creando galletas cuadradas. Pida a sus estudiantes que coloquen las galletas en un recipiente para hornear, a una separación de dos pulgadas entre una y otra.

Hornee las galletas a 400 grados por 10 minutos o hasta que se doren ligeramente.

Chocolate de agradecimiento

Derrite chocolate de leche en el microondas. Deje que sus estudiantes metan cucharas desechables de plástico en el chocolate hasta que la mitad de la cuchara se cubra.

Coloquen las cucharas en papel encerado hasta que el chocolate se endurezca.

Si gustan, derrita chocolate blanco en un tazón aparte en el microondas. Una vez que el chocolate de leche se ha endurecido en las cucharas, deje que sus estudiantes sumerjan las cucharas en el chocolate blanco, pero sólo hasta la mitad.

Deje que el chocolate se endurezca otra vez.

Después de cinco minutos, deje que los estudiantes envuelvan sus cucharas separadamente con plástico y le pongan un moño en la base.

Sus estudiantes pueden hacer etiquetas para cada cuchara que digan: "¡Gracias por todo lo que haces por nuestra iglesia!". Aten las etiquetas a las cucharas.

Dígale que las cucharas se entregarán a la recepcionista de la iglesia, al director del coro, a los maestros de la escuela dominical, y otras personas que trabajan juntos para la iglesia.

Zona de Arte

Mapa de la iglesia

Permita que sus estudiantes hagan un mapa del edificio de la iglesia para que los visitantes sepan a donde dirigirse.

Lleve a sus estudiantes a una excursión por el edificio de la iglesia. Escoja a un estudiante para que tome notas durante el trayecto, de los lugares que la clase quiera incluir en el mapa. Tomen nota de las salidas, salones, baños, la oficina de la iglesia, y el santuario.

Cuando regresen al salón de clases, dé a sus estudiantes papel y lápices. Anímeles a trabajar juntos para trazar el mapa en el papel. Si el edificio de la iglesia tiene más de un piso, tienen que decidir si van a hacer el mapa de un solo nivel o hacer dos mapas separados, un mapa por cada nivel.

Cuando sus estudiantes estén satisfechos con su diseño, déles un cartel. Ayúdeles a decidir quien hará cada tarea. Alguien dibujará el diseño básico en el cartel. Alguien más hará las letras y la tercera persona usará lápices de colores para colorear diferentes áreas.

Cuando acaben el mapa, alabe sus estudiantes por su buen trabajo. Si el pastor ha aprobado que se exhiba el mapa en la entrada de la iglesia, lleve a sus estudiantes a colocarlo. O pónganlo a la entrada del salón.

Recuerde a sus estudiantes que la iglesia es un lugar especial donde la gente trabaja, adora y aprende acerca de Dios juntos.

Casillero atrapa-todo

Necesitarán una caja de cereal vacía para cada dos estudiantes. Cierre la tapa con cinta adhesiva. Corte cada caja diagonalmente en dos, de tal manera que un lado sea más alto que otro. Corte tiras de cartón, tan anchan como las cajas.

Dé a cada estudiante la mitad de una caja y dos tiras de cartón. Enseñe como pegar las tiras dentro de la caja para crear secciones. Dígales que corten cada tira para que esté al mismo nivel con la orilla de la caja.

Permita que sus estudiantes decoren los atrapa-todo con papel de envoltura, papel de construcción de varios colores o papel tapiz. Si quiere hacer los casilleros más durables, permita que los cubran con papel adhesivo transparente o mica.

Dé a cada estudiante una tira magnética para pegar al lado de su casillero atrapa-todo para que se pueda pegar en la pared de su casillero escolar. Si el casillero de su escuela es de plástico, use cinta adhesiva doble, en lugar de la tira magnética.

Dígales a sus estudiantes que pueden usar sus atrapa-todo para guardas monedas, lápices o plumas, peines, etcétera.

Mangas de viento de agradecimiento

Anime a sus estudiantes a tomar un minuto para pensar en cosas en su vida por las cuales están agradecidos. Déles sugerencias, como sus familias, sus mejores amigos, sus casas, sus iglesias, y así sucesivamente.

Dé a cada estudiante una hoja grande de papel de construcción y marcadores para que escriban en el papel de construcción todas las cosas por las que están agradecidos.

Enseñe cómo enrollar el papel de construcción en un tubo y péguelo con cinta adhesiva o engrápenlo. Haga dos hoyos a un extremo de cada tubo. Amarre un pedazo de cinta o estambre a través de los hoyos para colgarlo.

Deje que peguen cintas de papel crepé o listón rizado al otro extremo del tubo.

Anime a sus estudiantes para que encuentren un lugar en su casa donde colgar estas mangas de viento de agradecimiento. Un balcón cubierto es lo mejor, pero cerca de una puerta o cerca de una ventilador de aire acondicionado o calefacción funciona muy bien. Cuando vean su manga de viento, podrán recordar algunos motivos por los cuales dan gracias a Dios.

 de Juego

¿Qué es ese sonido?

Antes de empezar la clase, junte una variedad de cosas. Ponga los objetos dentro de una caja cubierta para que sus estudiantes no puedan verlos.

Pida a sus estudiantes que se paren formando un círculo, mirando hacia fuera. Párese dentro del círculo, con su caja. También puede colocar a los niños en un semi-círculo, cubriendo la caja con una sábana o toalla.

Entregue un pedazo de papel y un lápiz a cada estudiante. Pida que escriban los números del 1 al 10 al lado izquierdo de la página.

Diga a sus estudiantes que tienen que escuchar los sonidos y escribir lo que creen que es cada uno. Diga que los sonidos vendrán de objetos que se encuentran por lo general en la mayoría de los salones de clase.

Recuérdeles que tendrán que estar quietos y escuchar, así como Samuel tuvo que escuchar la voz de Dios.

Haga los siguientes sonidos, o cree los suyos propios:

1. Engrape con una engrapadora.
2. Hojee rápidamente las páginas de un libro.
3. Use tijeras para cortar un pedazo de papel.
4. Use un perforador de papel para hacerle hoyos a una hoja de papel.
5. Hale y corte un pedazo de cinta adhesiva.
6. Rebote una pelota.
7. Arrugue una hoja de papel.
8. Rasgue una hoja de papel.
9. Infle un globo.
10. Haga sonar una caja de sujetadores para papel.

Patadas con versículos bíblicos

Antes de comenzar la clase, escriba los versículos bíblicos de este período en diferentes franjas de papel. Doble las franjas de papel y colóquelas en una bolsa de papel de estraza pequeña.

Divida a la clase en dos equipos. Pida a los equipos que se alineen en dos paredes opuestas, dando la espalda a la pared.

Para jugar este juego, los equipos tomarán turnos doblando sus rodillas y poniéndose en cuclillas pegados a la pared, como si se sentaran en una silla. Después, los estudiantes del equipo darán patadas hacia delante, alternando las piernas.

Haga que el primer estudiante de un equipo venga al centro del salón y tome una franja de papel de la bolsa. Los estudiantes del equipo contrario deberán patear mientras repiten el versículo bíblico, una patada por palabra. Si alguno pierde el equilibrio y se cae, el equipo tiene que volver a empezar. Juegue hasta que los equipos hayan repetido y pateado todos los versículos bíblicos.

Relevos de ping pong

Divida a sus estudiantes en parejas. Pida a cada pareja que se paren uno enfrente del otro en los extremos de la mesa.

Dé a la primera pareja la pelota de ping pong. Explique el juego.

Diga: Cuando diga "Comiencen", la primera persona golpeará la pelota de ping pong hacia la mesa de su pareja. La pareja golpeará de regreso la pelota hacia la persona que está junto a su pareja. Esa persona golpeará la pelota en la mesa, continuando hasta que la pelota toque el otro extremo. Entonces, esos dos estudiantes correrán a la cabeza de la mesa y todos los demás se moverán hacia abajo.

Deje que sus estudiantes jueguen hasta que la primera pareja regrese al principio de la mesa.

Para hacer el juego más interesante, use un reloj de arena o el segundero de un reloj para tomar el tiempo de cada rotación. Si la pelota se cae de la mesa, los estudiantes deberán comenzar otra vez desde la cabeza de la mesa.

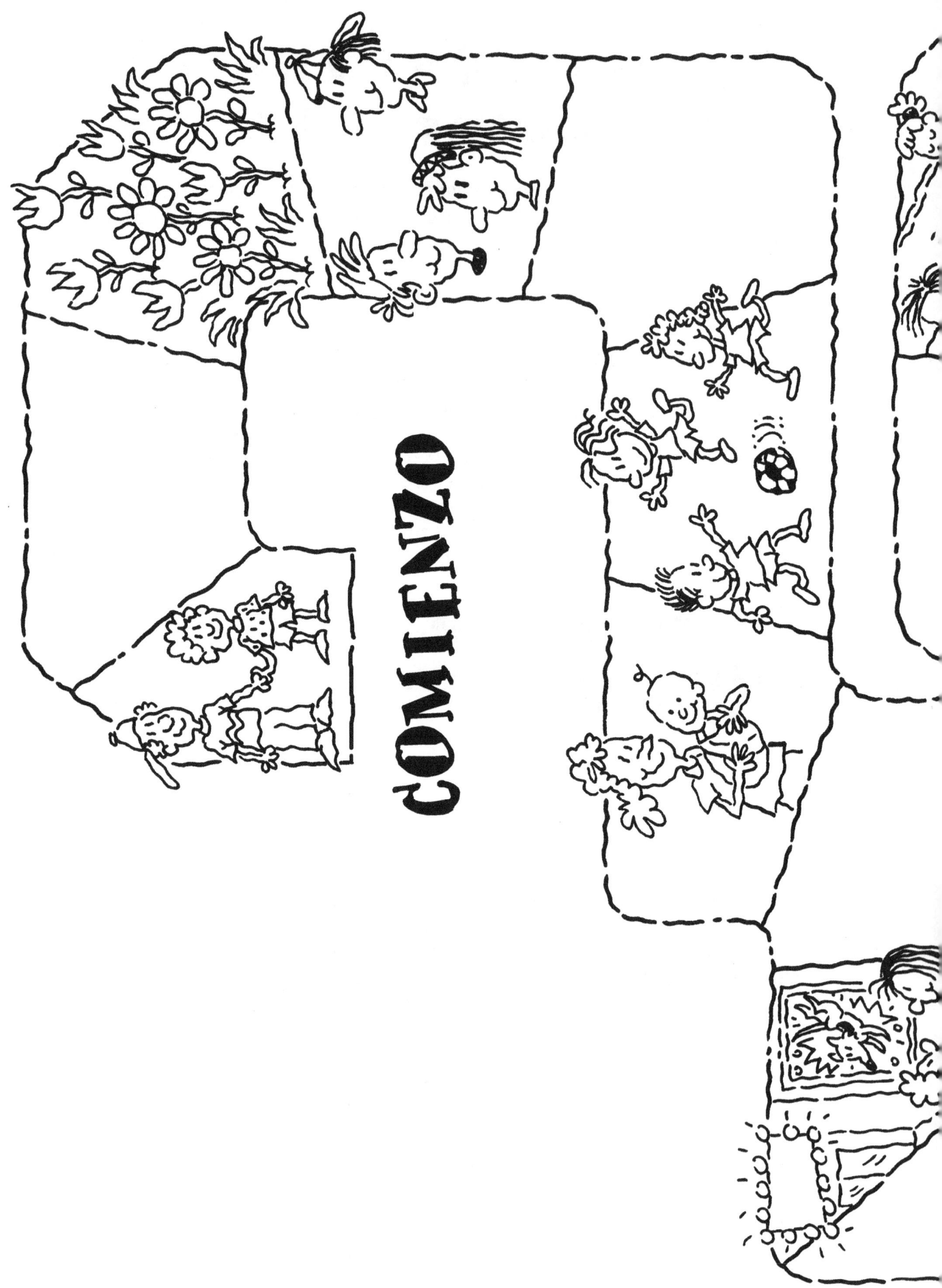

Comentarios de usarios

Use la siguiente escala para calificar los recursos de ZONA BÍBLICA®
Si no usó alguna sección, escriba "no la usé" en el espacio para comentarios.

1 = En ninguna lección   2 = En algunas lecciones   3 = En la mayoría de las lecciones
4 = En todas las lecciones

1. *Entra a la Zona* proveyó información que me ayudó a enseñar la Escritura en la lección.

   1   2   3   4   Comentarios:

2. La tabla *Vistazo a la Zona* hizo fácil la planeación de la lección.

   1   2   3   4   Comentarios:

3. El plan de enseñanza fue organizado de manera que lo hizo fácil de usar.

   1   2   3   4   Comentarios:

4. La Guía del maestro proveyó instrucciones fáciles de seguir para las actividades de aprendizaje.

   1   2   3   4   Comentarios:

5. Pude encontrar fácilmente en mi casa o iglesia los materiales necesarios para hacer las actividades.

   1   2   3   4   Comentarios:

6. Mis estudiantes fueron capaces de entender las lecciones de En la Zona®.

   1   2   3   4   Comentarios:

7. Las actividades eran adecuadas para el nivel de aprendizaje y habilidades de mis estudiantes.

   1   2   3   4   Comentarios:

8. El número de actividades del plan de la lección funcionó bien para el tiempo que tenía disponible (indique cuánto tiempo) _____.

   1   2   3   4   Comentarios:

9. Usé las actividades de la sección Zona de Juego® de la Guía del maestro.

   1   2   3   4   Comentarios:

10. Usé las actividades de la sección Zona de Arte® de la Guía del maestro.

    1   2   3   4   Comentarios:

11. Usé el disco compacto en mi salón.

    1   2   3   4   Comentarios:

12. Usé los objetos del Paquete de DIVERinspiración® de la Zona Bíblica®.

    1   2   3   4   Comentarios:

13. Mandé a casa la hoja Zona Casera® para los padres.

    1   2   3   4   Comentarios:

14. Me gustaría ver las siguientes historias en Zona Bíblica®:

COMENTARIOS ADICIONALES

TÍTULO DE LA UNIDAD: EN LA CASA DE DIOS

Actividades que mis alumnos disfrutaron más:

Actividades que mis alumnos disfrutaron menos:

Usé Zona Bíblica® para_____Escuela dominical _____Segunda hora de Escuela dominical _____Iglesia de niños

_____miércoles por la noche _____domingos en la noche _____compañerismo infantil _____otro.

ACERCA DE MI GRUPO [CLASE]

Número de estudiantes y edades en mi grupo

_____9 años _____10 años _____11 años _____12 años

_____otra edad (especifique) _____

Número promedio de estudiantes que asistían a mi clase cada semana:_____

Enseñé: _____solo(a) _____con otro maestro(a) cada semana

_____tomando turnos con otros maestros _____con un ayudante adulto

ACERCA DE MI IGLESIA

_____rural _____pueblo pequeño _____central _____suburbana

_____menos de 200 miembros _____200-700 miembros _____más de 700 miembros.

Nombre y dirección de la iglesia: _____

Mi nombre y dirección: _____

Por favor mande este formulario a:
Amy Smith
Departamento de Investigación
201 8th Ave., So.
P.O. Box 801
Nashville, TN 37202-0801

www.ingramcontent.com/pod-product-compliance
Lightning Source LLC
Chambersburg PA
CBHW081920170426
43200CB00014B/2779